陕西品牌评价
团体标准汇编

陕西省企业品牌建设促进会
西安市企业品牌建设协会　编

图书在版编目(CIP)数据

陕西品牌评价团体标准汇编/陕西省企业品牌建设促进会,西安市企业品牌建设协会编. -- 上海:立信会计出版社,2024.12. -- ISBN 978-7-5429-7826-4

Ⅰ.F279.274.1-65

中国国家版本馆 CIP 数据核字第 2024VC1226 号

责任编辑　毕芸芸

陕西品牌评价团体标准汇编
SHANXI PINPAI PINGJIA TUANTI BIAOZHUN HUIBIAN

出版发行	立信会计出版社	
地　　址	上海市中山西路 2230 号	邮政编码　200235
电　　话	(021)64411389	传　　真　(021)64411325
网　　址	www.lixinaph.com	电子邮箱　lixinaph2019@126.com
网上书店	http://lixin.jd.com	http://lxkjcbs.tmall.com
经　　销	各地新华书店	
印　　刷	河南锦华印务有限公司	
开　　本	710 毫米×1000 毫米	1/16
印　　张	15	
字　　数	248 千字	
版　　次	2024 年 12 月第 1 版	
印　　次	2024 年 12 月第 1 次	
书　　号	ISBN 978-7-5429-7826-4/F	
定　　价	150.00 元	

如有印订差错,请与本社联系调换

前 言
PREFACE

陕西省企业品牌建设促进会、西安市企业品牌建设协会是从事品牌建设工作的专业性社会团体。陕西省企业品牌建设促进会于 2020 年 3 月在陕西省民政厅注册成立,主要业务是在陕西省行政区域内开展企业品牌建设的调研、交流、培训、培育、评价和推广等活动,2021 年 12 月经陕西省市场监督管理局批准,牵头成立了陕西省质量管理和质量保证标准化技术委员会,面向社会征集了 43 名标准化专家为陕西省质量管理和质量保证标准化技术委员会委员,并在陕西省市场监督管理局备案;西安市企业品牌建设协会于 2019 年 1 月 22 日在西安市民政局注册成立,主要业务是在西安市行政区域内开展品牌建设的相关活动,2020 年 7 月 6 日经西安市市场监督管理局批准,牵头成立了西安市品牌建设标准化技术委员会,面向社会征集了 27 名标准化专家为西安市品牌建设标准化技术委员会委员,并在西安市市场监督管理局备案。

为深入开展"品牌兴陕,质量强省"活动,推动陕西经济高质量发展,依据《中华人民共和国标准化法》《国家标准化发展纲要》《团体标准管理规定》等标准化法规制度,陕西省企业品牌建设促进会与西安市企业品牌建设协会,联合陕西省质量品牌与标准化研究院、陕西方园品牌标准化管理有限公司、西安市兴邦扶贫慈善基金会、东岭集团股份有限公司、陕西钢铁集团有限公司、宝钛集团有限公司、陕西黄金集团股份有限公司、陕西柳林酒业集团有限公司、西安科技大学、西北政法大学行政法学院、陕西咸阳505医药保健总公司、宝鸡市民营企业协会、咸阳市品牌建设促进会、陕西蔚蓝节能环境科技集团有限责任公司、陕西振丰实业有限责任公司、西安华易亿嘉大健康科技有限公司、陕西汽车控股集团有限公司等会员企业单位共同研究制定、修订了《企业品牌建设标准化评价指南》等15部团体标准,作为开展品牌培育、评价和推广活动的使用标准,并在全国团体标准信息平台进行了发布;同时,依据标准广泛开展了品牌评价活动,在全省范围内评出了品牌产品、品牌企业、品牌人物等品牌149个,得到了社会各界和企业在标准化活动中的广泛运用,有效提高了企业的竞争力,为促进陕西经济高质量发展做出了应有的贡献。

为深入开展标准宣贯,方便会员企业和社会各界在标准化建设中的应用,特对已发布的15部团体标准进行出版发行,希望社会各界和企业在应用过程中多提宝贵意见,我们将不断修订完善。

陕西省企业品牌建设促进会

2024年10月10日

目 录
CONTENTS

企业品牌建设标准化评价指南 …………………………………………… 001
企业品牌建设　通则 ……………………………………………………… 009
品牌评价　通则 …………………………………………………………… 039
品牌评价　企业 …………………………………………………………… 049
品牌评价　产品 …………………………………………………………… 059
品牌评价　标志 …………………………………………………………… 069
品牌评价　人物 …………………………………………………………… 081
品牌评价　社会组织 ……………………………………………………… 087
品牌评价　制造业 ………………………………………………………… 105
品牌评价　农产品、农副产品 …………………………………………… 131
团餐服务品牌建设规范 …………………………………………………… 153
团餐服务品牌评价规范 …………………………………………………… 163
建设工程领域品牌评价规范 ……………………………………………… 181
"陕西精品"评价通则 ……………………………………………………… 203
放心消费品牌单位评价规范 ……………………………………………… 217

ICS 01.120
CCS A 00

T/SPCH

陕西省企业品牌建设促进会团体标准

T/SPCH 001—2023
代替 T/XPX 004—2020

企业品牌建设标准化评价指南

Standardization evaluate guide for enterprise brand building

2023-02-15 发布　　　　　　　　　　　　2023-02-21 实施

陕西省企业品牌建设促进会　　发布

前 言

本标准是对 T/XPX 004—2020《企业品牌建设标准化评价指南》的修订。

本标准与 T/XPX 004—2020 的主要技术差异：

——本标准的结构、技术要素及表述规则按照 GB/T 1.1—2020《标准化工作导则 第 1 部分:标准化文件的结构和起草规则》的规定进行修改。

——对分值设定相关指标(7.3 和 7.4)进行修订和增加。

——对结果相关指标(7.5)进行了修订和增加。

——对发布相关指标(7.6)进行了修订。

本标准自实施之日起，代替 T/XPX 004—2020《企业品牌建设标准化评价指南》。

本标准由陕西省企业品牌建设促进会提出并归口。

本标准起草单位:陕西省企业品牌建设促进会、陕西省质量管理和质量保证标准化技术委员会、西安市企业品牌建设协会、西安市品牌建设标准化技术委员会、陕西省质量品牌与标准化研究院、陕西钢铁集团有限公司、宝钛集团有限公司、陕西黄金集团股份有限公司、陕西方园品牌标准化管理有限公司、西安中标品牌策划推广中心、西安华易亿嘉大健康科技有限公司、陕西国政育康管理集团有限公司、陕西蔚蓝节能环境科技集团有限责任公司、陕西汽车控股集团有限公司。

本标准主要起草人:张全瑜、关养利、杨广银、叶毅、王兴福、陶学力、杨文谭、刘小航、马小平、赵凌、杨利民、刘永智、姜明、蔡培祖、沈雷、张兴发、李秦康。

企业品牌建设标准化评价指南

1　范围

本标准规定了陕西省企业和社会组织品牌建设标准化体系、品牌建设标准化评价的指标、原则和方法。

本标准适用于陕西省企业和社会组织品牌建设和品牌标准化评价活动。

2　规范性引用文件

下列文件中的内容通过文中的规范性引用而构成本标准必不可少的条款。其中,注日期的引用文件,仅所注日期的版本适用于本标准;不注日期的引用文件,其最新版本(包括所有的修改单)适用于本标准。

GB/T 27925—2011　商业企业品牌评价与企业文化建设指南

GB/T 4754—2017　国民经济行业分类

3　品牌评价分类

3.1　企业品牌评价分类

3.1.1　生产型企业品牌评价标准

3.1.2　服务型企业品牌评价标准

3.1.3　贸易型企业品牌评价标准

3.1.4　科技类企业品牌评价标准

3.1.5　工程类企业品牌评价标准

3.2　社会组织品牌评价分类

3.2.1　协会商会类社会组织品牌评价标准

3.2.2　学术类社会组织品牌评价标准

3.2.3 社会事业类社会组织品牌评价标准

3.2.4 联合类社会组织品牌评价标准

3.2.5 民办非企业类社会组织品牌评价标准

3.2.6 基金会类社会组织品牌评价标准

4 品牌标准体系

4.1 品牌标准体系结构

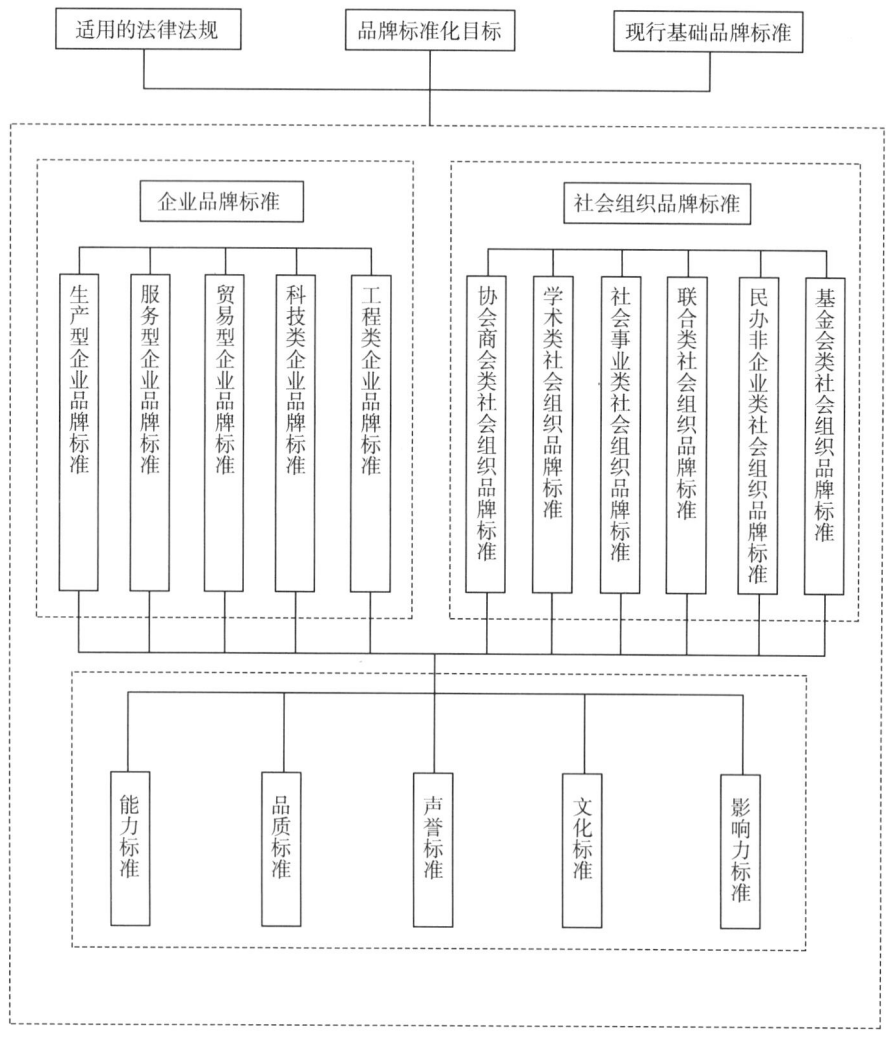

图1

4.2 品牌标准体系结构说明

第一层,综合性基础标准。在品牌标准体系中处于第一层,是指具有适用于其他品牌标准的制定、并具有广泛指导意义的标准。包括适用的有关品牌建设的法规、政策、方针目标及现行的基础标准,品牌建设标准体系范围内的所有标准都是在这一层的指导下形成的。

第二层,企业品牌建设标准体系和社会组织品牌建设标准体系,分别针对企业和社会组织进行了行业分类,明确了各个行业需要制定的品牌标准项目,它们同属于一个层次,是并列关系,分别针对企业和社会组织制定品牌建设标准。

第三层,品牌建设标准体系的核心。既是对第一层基础标准的补充,又是针对第二层标准项目的细化和分解,对第二层每一个项目分别从五个方面制定标准。

5 品牌标准制定

品牌标准的制定,在政府标准化行政主管部门统一管理下,由具有品牌标准制定资格的组织,按照标准制定程序,依据企业和社会组织品牌标准分类及品牌评价指标要素,结合产品(服务)、企业(社会组织)、行业、地域、领域等特点,制定出该类别企业和社会组织的品牌评价要素标准,每一个要素设定一定比例的分值,评价时,各要素分值之和就是评价企业或社会组织的综合评定分值。

6 品牌标准发布

依据政府标准化主管部门或专业团体标准化组织计划,按照标准制定程序完成的品牌评价标准,经相关职能部门或组织审批后,按照标准类别在相应范围内进行发布,作为品牌评价机构和企业及社会组织开展品牌建设的依据。

品牌标准编号依次由标准类别代号、团体代号、标准顺序号和标准批准年号组成。品牌标准编号方法如下。

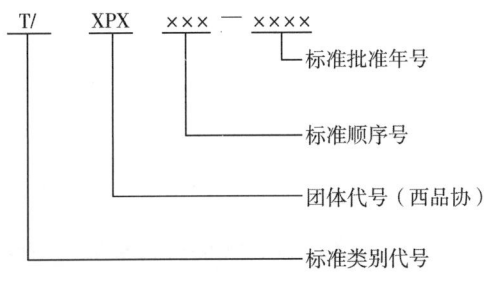

图 2

编号含义解释：

T：表示标准类别，如团体标准为"T"，地方标准为"D"。

XPX：团体代号，表示西安市企业品牌建设协会。

×××：表示标准发布的顺序，如第 1 个为 001，第 2 个为 002。

××××：表示标准批准的年份，如"2020"，表示 2020 年。

7 品牌评价

7.1 总则

品牌建设决定了企业的市场竞争力，品牌建设的基础由有形要素、质量要素、创新要素、服务要素和无形要素等五要素构成，这五要素是品牌成功的关键。品牌评价以这五要素为指针，由具有品牌评价资格的机构，按照品牌评价标准，依据品牌评价的原则、程序和方法，进行综合评价。

7.2 评价指标

7.2.1 一级指标

a）能力；

b）品质；

c）声誉；

d）企业（组织）文化；

e）影响。

7.2.2 二级指标

a）品牌规划、品牌管理、保障机制；

b）组织品质、商品质量、服务质量；

c）品牌知名度、品牌美誉度、品牌忠诚度、社会责任；

d）诚信；

e）党建引领、精神信念、宣传推广、顾客（会员）感知、业界交流；

f）行业影响、社会影响。

7.3 分值设定

总分值为1 000分(100%),各指标分值见表1。

表1

能力		品质		声誉		企业文化		影响	
150分	15%	300分	30%	250分	25%	150分	15%	150分	15%

二级指标按表1的类别指标设计分类分项评价细则。

7.4 评分要求

按照表2的水平梯度进行评价。

表2

评分比例				
一	二	三	四	五
0、5%、10%、15%、20%	20%、25%、30%、35%、40%	40%、45%、50%、55%、60%	60%、65%、70%、75%、80%	80%、85%、90%、95%、100%

a) 给一个评分项评分时,首先判定被评项实际水平处于哪个分值范围,再在该分值范围内具体衡量;

b) 在适合的分值范围内,实际分值根据企业品牌的水平与评分要求相接近的程度来判定;

c) 对单位所有品牌评价指标进行评价后的总分值代表所评价单位的品牌评价的总体水平。

7.5 结果

组织评价分值达到900分以上评为强势品牌,800分以上评为知名品牌,700分以上评为优秀品牌,700分以下评为品牌培育示范企业。

根据组织的产品/专精特新的特点,评定精品品牌、创新品牌和特色品牌等,精品品牌必须达到900分以上,创新品牌必须达到700分以上且具有创新特征,特色品牌必须达到700分以上。

根据组织所处地域,评价地域品牌企业、品牌产品(地市级品牌)。组织评价分值达到800分以上评为知名品牌,700分以上评为优秀品牌。

最终评价结果,根据具体评价分值确定获得品牌层级档次水平。

7.6 发布

评价结果在指定的省级新闻媒体或陕西省企业品牌建设促进会官网进行公示发布。

ICS 03.140
CCS A 00

T/SPCH
陕西省企业品牌建设促进会团体标准

T/SPCH 12.1—2023

企业品牌建设　通则

General rules for enterprise brand building

2023-08-01 发布　　　　　　　　　　　　　　　2023-08-15 实施

陕西省企业品牌建设促进会　发布

前　言

本文件按照 GB/T 1.1—2020《标准化工作导则　第 1 部分:标准化文件的结构和起草规则》的规定起草。

本文件由陕西省企业品牌建设促进会提出并归口。

本文件起草单位:陕西省企业品牌建设促进会、西安市企业品牌建设协会、陕西省质量品牌与标准化研究院、西安科技大学、西北农林科技大学、杨凌示范区公共资源交易中心、陕西汽车投股集团有限公司、陕西钢铁集团有限公司、宝钛集团有限公司、陕西法士特集团有限公司、陕西黄金集团有限公司、陕西彬煤集团有限公司、陕西柳林酒业集团有限公司、陕西蓝溪科技企业管理集团有限公司、陕西蔚蓝节能环境科技集团有限责任公司、陕西国政育康管理集团有限公司、陕西中标文化传媒有限公司、西安中标品牌策划推广中心、东岭集团股份有限公司、陕西咸阳505医药保健总公司、西安市兴邦扶贫公益慈善基金会。

本文件主要起草人:关养利、张全瑜、赵凌、杨广银、杨利民、刘永智、姜明、蔡培祖。

本文件参与起草人:秦西社、雷让歧、宗卫东、赵林、任革凡、严平、陈战乾、曹震、付小铜、张辉、雷震、刘志千、李生荣、董宪民、高爱平、户润海、仝保亚、许江标、贺新宇、王青峰、郭宇辰、王东、马建华、赵毅霞、刘航瑜、贺冬冬、常虹、杨和财、李录堂、薛春莉、王政伟、叶毅、吴礼生、来辉荣、何永鹏、张兴发、李秦康、高春毅、刘一良、张晓华、张修前、徐利军、管培全、江长海、王凤武、赵生明、马志安、刘国树、王蚕、边卫军、马小平、周练普、袁冠英。

本文件为首次发布。

引　言

"品牌"是一种无形资产,"品牌"就是知名度,有了知名度就具有凝聚力与扩散力,就成为发展的动力。品牌战略实际上已演变成企业为适应市场竞争而精心培养核心品牌产品,再利用核心品牌产品创立企业品牌形象,最终提高企业整体形象的一种战略,是企业用来参与市场竞争的一种手段。

本文件制定时,在遵循品牌有形要素、质量要素、创新要素、服务要素、无形要素等五大基本要素的基础上,突出了文件的实操性,从品牌定位、品牌规划、品牌形象、资源管理、过程控制、产品/服务管理、创新管理等方面提出了具体要求。

本文件为企业实施品牌建设、增强品牌建设能力、持续改善品牌建设绩效提供了方法。

企业品牌建设 通则

1 范围

本文件规定了企业品牌建设的基本原则、企业要求、品牌战略、资源管理、过程控制、产品/服务管理、创新管理以及监视、测量、评价与改进等要求。

本文件适用于陕西省企业品牌建设促进会组织的企业品牌建设工作。

2 规范性引用文件

下列文件中的内容通过文中的规范性引用而构成本文件必不可少的条款。其中,注日期的引用文件,仅该日期对应的版本适用于本文件;不注日期的引用文件,其最新版本(包括所有的修改单)适用于本文件。

GB/T 15496—2017　企业标准体系　要求

GB/T 15497—2017　企业标准体系　产品实现

GB/T 15498—2017　企业标准体系　基础保障

GB/T 19001—2016(ISO 9001:2015,IDT)　质量管理体系　要求

GB/T 19273—2017　企业标准化工作　评价与改进

GB/T 23331—2020　能源管理体系　要求及使用指南

GB/T 24001—2016(ISO 14001:2015,IDT)　环境管理体系　要求及使用指南

GB/T 29185—2012　品牌价值　术语

GB/T 31950—2023　企业诚信管理体系　要求

GB/T 35778—2017　企业标准化工作　指南

GB/T 39604—2020　社会责任管理体系　要求及使用指南

GB/T 45001—2020　职业健康安全管理体系　要求及使用指南

3 术语和定义

GB/T 29185 界定的以及下列术语和定义适用于本文件。

3.1 品牌 brand

为企业带来溢价、产生增值的无形资产。其载体是用以与其他竞争者的产品相区分的名称、名词、符号、设计等,或者它们的组合。在本质上代表企业对顾客及其他相关方所提供价值的一贯性承诺。

3.2 品牌建设 brand building

企业为实现高质量发展对品牌进行的规划、设计、宣传、管理的行为和努力的全部活动。

3.3 品牌战略 brand strategy

企业为增强品牌建设能力、实现持久发展的目标、改善品牌建设绩效而制定的总体发展规划和行动方案。

3.4 品牌文化 brand culture

与品牌相关的独特信仰、价值观、仪式、规范和传统的组合,由品牌所有者、购买者、用户或渴望者共同拥有。

注1:品牌文化,是品牌在经营中逐渐形成的文化积淀,它代表着品牌自身价值观、世界观。

注2:品牌文化是一种能反应顾客对其在精神上产生认同、共鸣,并使之持久信仰该品牌的理念追求,能形成强烈的品牌忠诚度的文化。

3.5 品牌延伸 brand extension

利用已经成功卓著的品牌,将品牌要素完全或部分地延伸至其相关的新产品,甚至不相关的行业、领域,以品牌优势快速切入新市场,并节省市场进入的成本(财务、人力、物力和无形资产成本)。

4 基本原则

品牌代表质量和安全,是综合竞争力的体现,是占领市场的重要资源。企业在品牌建设中,把握和运用好标准、质量、诚信、文化、市场、忠诚、效益七大要素至关重要。

a)标准是品牌的根本。标准是质量的依据,质量是标准的结果,标准决定质量,质量决定品牌,品牌是高标准高质量趋于极致的产物。企业既要重视技术标准,同时要加强管理标准和工作标准建设和实施,只有这样,才能相得益彰,实现企业高质量发展、建设大品牌。

b) 质量是品牌的核心。品牌的形成必然是建立在良好质量基础、质量支撑和质量保证之上的，推进品牌建设，企业应把质量放在第一位，全员全过程全领域体现质量、反映质量需求、强化质量管控，把质量融入工作、产品和服务之中。

c) 诚信是品牌的本性。品牌是建立在良好诚信基础之上的，讲诚信、守信用是对品牌的基本要求，也是品牌应有的基本属性。企业应把满足需求、社会责任、目标追求等要素理念注入经营、生产、销售和服务等全过程中，确保产品和服务真实、可靠、可信。

d) 文化是品牌的灵魂。文化在品牌建设中有着重要的纽带作用。企业在品牌建设中应注重文化传承、习惯养成、制度建立、精神培育，以此凝练出独有的文化意识、文化精神、文化特征，使品牌富有思想、更具活力。

e) 市场是品牌的土壤。良好的市场口碑、号召力和持续的市场接受、认可，这是一个品牌必须拥有的基本条件。品牌建设就是要把企业、产品和服务植入大市场之中，主动接受市场检验和挑战，养成在竞争中发展、在发展中积极参与竞争的市场行为。

f) 忠诚是品牌的追求。品牌的忠诚，一方面是品牌必须忠诚于市场，另一方面是品牌必须获得市场较高的认可，拥有忠实的用户和足够的顾客群体。品牌建设就要求品牌企业必须内外兼修，不仅要有良好品质、良好形象，还必须有良好口碑和声誉，持续追求并努力提高品牌忠诚度。

g) 效益是品牌的目标。品牌建设使企业的品牌产品和服务产生的价值要高于普通产品和服务的价值，实现品牌的溢价和附加值。价值也是因投入产生的，品牌价值亦是如此。企业在品牌建设中应在产品和服务加大创新投入，实现品牌建设目标。

5 企业要求

5.1 领导作用

5.1.1 最高管理者

为组织企业实施品牌建设管理，并持续改进其有效性和效率，企业最高管理者应：

a) 建立适应企业生产经营活动环境要求、与企业战略方向一致的品牌战略；

b)品牌战略应经过科学的设计,通过自我分析、竞争者的分析和顾客的分析,确定在本行业中的定位,建立不同于其他竞争对手差别化的品牌战略;

c)从企业战略高度来塑造品牌和制定清晰有效的品牌管理制度并建立统一的品牌建设体系;

d)应确定品牌责任归属和制定清晰的品牌战略的决策与实施、监督、检查、评价与改进的流程;

e)建立品牌建设、监督、检查机制,保证品牌政策严格有效地落实、执行;

f)品牌建设应融入企业主要业务过程中;

g)品牌建设所需资金、设施、设备、人员、供方、专利、技术、标准等资源得到保障;

h)品牌建设体系应以正式文件发布;

i)对品牌建设实施应有激励措施;

j)企业所有管理者应明晰品牌建设的应尽职责;

k)对品牌建设相关风险应有预案,对机遇能把握;

l)定期对品牌建设工作进行评审并持续改进。

5.1.2 品牌建设负责人或管理者代表

企业最高管理者指定的品牌建设负责人,应具有以下方面的职责和权限:

a)对品牌建设体系实施制定可行的实施方案、进行任务分解和部门签订责任书;

b)向最高管理者报告品牌建设的进度、绩效、资源需求和改进需要;

c)召开企业动员会,进行培训、宣传,提高整个企业的品牌意识、社会责任;

d)代表企业对外负责品牌建设宣传工作。

5.1.3 部门职责和权限

最高管理者应在文件中,明确各部门在品牌建设中有下列的职责和权限:

a)品牌建设体系符合本文件的内容;

b)实施品牌建设体系有明确任务;

c)向品牌建设负责人汇报品牌建设的绩效以及改进内容。

5.2 基础管理

企业为了实施品牌战略、推进品牌建设,宜积极导入卓越绩效管理。企业应注意

过多的管理体系在执行时可能会流于形式或造成效率低下,宜结合品牌建设对下列管理体系进行优化、整合:

a) GB/T 19001—2016 质量管理体系;

b) GB/T 24001—2016 环境管理体系;

c) GB/T 45001—2020 职业健康安全管理体系;

d) GB/T 39604—2020 社会责任管理体系;

e) GB/T 31950—2023 企业诚信管理体系;

f) GB/T 15496—2017、GB/T 15497—2017、GB/T 15498—2017、GB/T 19273—2017、GB/T 35778—2017 系列标准建立的企业标准体系。

6 品牌战略

6.1 品牌战略规划

6.1.1 规划原则

企业应认识到品牌战略是企业战略的子战略,品牌战略是统帅企业管理、生产、营销传播活动的原则,它使企业管理、生产、营销传播活动有法可依,有章可循。规划原则如下:

a) 核心价值原则:充分研究市场环境、目标顾客与竞争者,提炼高度差异化、清晰明确、易感知、有包容性和能触动感染顾客内心世界的品牌核心价值。规划以核心价值为中心的品牌识别系统,并以品牌识别统帅一切营销传播,使每一次营销传播活动都演绎传达出品牌的核心价值、精神与追求。

b) 优选模式原则:根据企业的财力、企业的规模与发展阶段、产品的特点、消费者心理、竞争格局与品牌推广能力等实际情况,选择品牌化战略与品牌架构,是采取单一品牌战略,还是多品牌战略、担保品牌战略等。

c) 科学延伸原则:提炼具有包容力的品牌核心价值,预埋品牌延伸的管线,进行理性的品牌延伸扩张,充分利用品牌资源获取更大的利润。

d) 资产累积原则:科学地管理品牌知名度、品质认可度、品牌联想、溢价能力、品牌忠诚度等品牌资产,制定低成本提升品牌资产的营销传播策略,不断累积品牌资产。

6.1.2 方法

品牌认同就是企业希望顾客对品牌产生的认知与归属,品牌的竞争力来源于品牌认同。产品是品牌的物质基础,品牌是产品的灵魂。企业如果想要顾客对自己的产品品牌认同具有广度和深度,就必须在企业、产品、文化、个性等四个方面进行规划:

a) 综合竞争力决定品牌形象:

——企业宗旨与理念;

——整体实力;

——创新能力;

——科技研发能力;

——管理能力;

——生产能力;

——营销能力;

——服务能力。

b) 产品与品牌关联:

——品牌和产品类别结合;

——品牌和产品价值结合;

——品牌和产品用途结合;

——品牌和产品使用者结合。

c) 文化塑造品牌:

——文化塑造品牌具有成本低、效果好、思路广、方法多四大特点;

——品牌文化是建立在企业文化建设基础上的,是企业文化的浓缩与升华;

——在企业内部,是员工精神的凝聚点,在企业外部,是消费者的认可标志。

d) 个性化决定品牌价值:

——根据品牌定位,确定品牌个性;

——把握顾客心理需求,保持品牌个性与顾客个性的一致性;

——保持品牌概念与产品特点的一致性;

——注意凸现品牌个性的差异性。

6.1.3 目标

企业应当对品牌资源进行整合,明确企业品牌与产品/服务品牌之间的关系,规划品牌战略。在品牌战略规划过程中,应确保:

a) 设定品牌目标。确定品牌梯次发展的优先顺序及资金、知识、技术、人力等资源的投入。

b) 整合品牌资产。充分开发品牌价值,指导品牌延伸的领域。

c) 发挥品牌优势。有利于最大限度地规避经营风险。

6.1.4 流程

企业品牌战略规划宜采取下列流程(详细流程见附录 A):

a) 品牌诊断和定位;

b) 品牌愿景和目标制定;

c) 品牌核心价值提炼;

d) 制定品牌中长期战略;

e) 建立品牌管理机构;

f) 品牌传播推广;

g) 维护品牌;

h) 策划品牌延伸。

6.2 品牌定位

在品牌定位时,企业应先明确行业特性、阶段性目标、顾客及其他相关方需求和期望,以及自身优势,应认识品牌建设是一个逐渐积累、由量变到质变的过程。品牌定位,企业可考虑以下路径:

a) 品牌影响力梯度定位:

——区域品牌;

——行业品牌;

——国家品牌;

——世界品牌。

b)品牌实力梯度定位：

——优秀品牌；

——创新品牌；

——知名品牌；

——强势品牌；

——精品品牌。

品牌定位要以有利于顾客及其他相关方理解的形式清晰表述，并根据内外部环境变化以及企业自身需要，适时对品牌定位进行调整。

6.3 品牌运行

6.3.1 企业应通过评估、策划和实施等方法对品牌的运营进行有效管理。在品牌运营过程中应采取以下原则：

a)品牌运行应有一流的人才作为支撑，企业在高、中、低层分别有首席品牌官、品牌官、品牌专员，应以高素质的员工作为基础；

b)品牌运行的三要素应以营销力为龙头，科技力和形象力为两翼；

c)品牌运行技术标准和管理标准是根本，质量是关键，企业应视产品质量为品牌的生命；

d)品牌运行应着力提高品牌美誉度与知名度，塑造良好的品牌形象和企业形象；

e)品牌运行是品牌口碑的运营，企业应为品牌赢得良好口碑。

6.3.2 品牌的最高战略，应该创造精品品牌、世界品牌。品牌竞争的结果将是弱势品牌逐步淡出市场，形成少数品牌一统天下的局面。企业在品牌运营过程中，制定的运营方案包括但不限于：

a)致力于解决品牌运营中品牌、产品和服务面临的突出问题；

b)以技术、产品和服务、管理创新为基础，保障品牌运营；

c)用品牌的文化内涵、品牌的故事，提升品牌形象；

d)用企业的规模实力、市场占有率、行业影响力，强化品牌竞争力；

e)品牌在更新时，新、老品牌元素应相互促进，达到效益整合最佳状态。

6.4 品牌推广

进行品牌推广策划时，企业应制定企业品牌的推广方案，明确需要的资源、推广

的方法。推广的方法包括三位一体,但不限于:

a) 第一个方位:线下实体。通过企业注册资质等品牌信息,呈现品牌有形实力。

b) 第二个方位:官方网站。通过官方商标注册、知识产权等信息,呈现品牌无形资产。

c) 第三个方位:品牌评价。通过最大软实力展示品牌价值信息,呈现品牌溢价。

6.5 品牌更新和延伸

6.5.1 企业应在品牌自身、市场、顾客、宏观政策、消费观念等方面的内外部环境发生变化,引起企业品牌在市场竞争中的知名度、美誉度下降,以及销量、市场占有率降低等的品牌失落的现象时,对品牌建设体系或品牌更新进行可行性评估,并提出策略和步骤。品牌更新可采用对品牌形象、品牌定位、产品及其包装等进行更新的方式。

a) 当企业评估、策划对品牌建设体系进行更新时,应优先考虑:

——变更目的及其潜在后果;

——品牌建设体系的完整性;

——资源的可获得性;

——责任和权限的分配或再分配。

b) 在确定存在品牌的产品步入衰退期、品牌产生不正确联想、不适当定位、个性不突出、延伸不成功、竞争者挑战、市场和顾客的变化等问题,有必要实施品牌更新时,应考虑以下原则:

——致力于解决品牌和产品面临的突出问题;

——以技术、产品、管理创新为基础,以市场和顾客为中心;

——新、老品牌元素应相互促进,达到效益整合最佳状态,持续发展;

——品牌更新符合法律要求,得到法律的保护和顾客的拥护。

c) 企业在进行品牌更新时应考虑品牌更新的成本以及市场对品牌新形象的认可与接受程度,即品牌新形象所增加的收入。品牌更新的策略,包括但不限于:

——品牌形象。在消费观念变化导致企业积极调整品牌战略、塑造新形象或企业要开发新市场、产品档次调整时,就需要为新市场而塑造新形象。

——定位的修正。在竞争环境变化或市场变化时,企业应扬长避短,修正定位。

——产品更新换代。企业的品牌要在竞争中处于不败之地,就必须保持技术创新,不断地进行产品的更新换代。

——管理创新。从企业发展的核心来指导品牌的维护与培养,如与品牌有关的理念创新、技术创新、制度创新、管理过程创新等。

6.5.2 企业一个品牌发展到一定阶段推出新产品应考虑品牌延伸策略:是用原有品牌还是推出新品牌。企业应对自己及竞争对手在不同品牌和产品线上的定位、销售额和利润情况进行分析,按如下要求做出品牌延伸决策:

a) 品牌延伸的原则:

——延伸的新产品应与原产品符合同一品牌核心价值;

——新老产品的产品属性应具有相关性;

——延伸的新产品必须具有较好的市场前景。

b) 品牌延伸决策可包括但不限于:

——确定品牌延伸的方式、策略类别,是专业化延伸,还是一体化延伸;

注1:专业化延伸指品牌延伸的新领域与其原有领域处于同一行业并有一定的关联性,专业技术、目标市场、销售渠道等方面具有共同性。

注2:一体化延伸是指品牌延伸向原有领域的上游或者下游延伸,品牌成长空间更为广阔。

——在品牌延伸领域的选择上应考虑原品牌对新产品的适应性、顾客心中已形成的品牌与产品的关系,分析市场状况、竞争者行为和消费者心理感受;

——在品牌具体延伸方式上应评估品牌延伸领域与原有品牌的不同关系,做出延伸或削减产品线的决定,或产品线组合长度、深度和黏度的调整;

——应正确进行品牌定位,不得偏离定位,丢失优势;

——应切实提升品牌档次,强调规模,忽视差异;

——科学选择品牌延伸领域,不得有盲目实施品牌延伸株连其他产品现象;

——实行主副品牌策略,防止一荣俱荣,一损俱损;

——品牌延伸战具有风险性,应科学地分析,不得盲目地品牌延伸,并制定延伸中有效的风险规避措施。

6.6 品牌文化塑造

企业应系统性地塑造和传播品牌的文化内涵,品牌文化的塑造有助于培养品牌忠诚群,是重要的品牌壁垒,可提升品牌形象,培育品牌忠诚度;品牌文化所倡导的价值观、审美观、消费观,可以对顾客起到引导作用,从而提高顾客对品牌的忠诚度。品牌文化塑造包括但不限于:

a) 应通过对定位的市场顾客的文化心态进行深入调研,来塑造符合品牌目标顾客群体的需求特征的品牌文化;

b) 品牌文化内涵应与产品/服务特征相适应,弘扬优秀的文化,倡导正确的价值观,促进社会的进步;

c) 塑造品牌文化应采用文化差异战略,体现企业的特色,具有时代特征和强大的冲击力,让品牌具有独特的文化;

d) 塑造品牌文化应将优秀的民族传统文化、时尚文化融入其中,让顾客产生共鸣;

e) 塑造品牌文化与企业文化的内涵必须一致;

f) 企业在宣传自己产品功效、品质的同时,要塑造优秀的品牌文化,来展示企业积极的文化理念。

6.7 品牌保护

企业应采取措施对品牌资产实施有效管理,确保品牌资产的识别、使用、保护和处置处于保护状态。品牌保护过程应包括:

a) 品牌保护措施的制定和改进;

b) 对品牌资产(忠诚、认知、感知等)保护状态的定期调查、评估和分析;

c) 建立品牌危机防控体系,对侵害品牌资产权益事件的处理;

d) 与政府和有关机构就品牌资产保护事宜的沟通。

6.8 诚信和风险控制

6.8.1 企业应充分认识到诚信是品牌建立的基础,是企业经营的一种资本,是企业发展的无形推动力。为确保诚信经营,防止信誉损害,企业的诚信经营活动应包括但不限于:

a) 企业把诚信作为核心价值观,纳入企业发展战略;

b) 企业宜建立并执行诚信管理体系相关要求,消除任何形式的主观故意欺诈行为;

c) 企业制定诚信建设目标、员工诚信行为准则；

d) 企业采取诚信承诺管理、诚信评价管理等措施，提升企业的诚信水平；

e) 企业守法经营，诚信纳税，履行社会责任；

f) 企业向顾客真实、规范地披露产品技术、质量和功能等信息，并在发布前得到审批；

g) 企业对供应商、经销商应诚信相待，及时准确反馈供需信息，实现合作共赢；

h) 对员工应建立诚信激励机制，主要通过教育、培训、激励、监察和约束等方式得以落实，让员工共享企业发展成果；

i) 对不诚信零容忍，客观上损害顾客及其他相关方合法权益时，依法履行责任。

6.8.2 企业应充分对与诚信建设包括品牌建设相关的风险进行分析，并建立风险规避和紧急事件响应程序。在规避风险和处理紧急事件时应充分考虑相关方的需求，包括但不限于：

a) 战略风险：没有制定或制定的战略决策不正确，影响战略目标实现的负面因素的控制与应急处置。

b) 经营风险：经营决策的不当、妨碍或影响经营目标实现的因素控制与应急处置。

c) 财务风险：包括财务报告失真风险、资产安全受到威胁风险和舞弊风险的控制与应急处置。

——财务报告失真风险。没有完全按照相关会计准则、会计制度的规定组织会计核算和编制财务会计报告，没有按规定披露相关信息，导致财务会计报告和信息披露不完整、不准确、不及时。

——资产安全受到威胁风险。没有建立或实施相关资产管理制度，导致公司的资产如设备、存货、有价证券和其他资产的使用价值和变现能力的降低或消失。

——舞弊风险。以故意的行为获得不公平或非正当的收益。

d) 法律风险：没有全面、认真执行国家法律、法规和政策规定影响合规性目标实现的因素控制与应急处置。

e) 诚信风险：因存在企业内部管理制度、法律意识、道德风险等因素，导致诚信风险的控制与应急处置。

7 资源管理

7.1 人力资源

企业应确定并配备满足需要的人员,培养其品牌意识,积极参与,以有效实施品牌建设工作。包括但不限于:

a)企业应结合品牌战略,有计划地培养和引进相关人才,形成品牌建设所需要的人才梯队;

b)企业应营造全员参与品牌建设活动的氛围,培养员工的品牌意识,让员工充分认识到做好自己从事的工作、提高文明素养以及拥有大局观念就是支持品牌建设工作,取得的成绩就是为实现品牌目标做贡献;

c)企业应加强相关员工技能的教育和培训,确保其人员具备品牌建设所需的能力;

d)企业应建立激励措施,激发员工参与品牌建设活动的积极性和创造性。

7.2 设施设备

企业应明确品牌建设所需要的设施设备,并对设施设备实施有效管理。包括但不限于:

a)应完善设施设备管理制度,并有效实施;

b)基础设施满足品牌建设的策划、实施、建立、保持和改进等过程要求;

c)应掌握设备状态、提高设备的完好率及利用率、降低库存资金、提高各项工作效率、有效控制各项工作的成本、提升设备管理水平和备件供应的保障水平,以实现设备更高的安全性、更高的可靠性、更高运作效率、更高投资回报;

d)应建立设备信息化管理系统,并通过有效实施,实现企业在设备点检运行、故障管理、设备基础信息的知识管理方面实现有效积累,形成设备管理知识库来指导公司各项设备管理工作。

7.3 环境资源

企业应识别和确定有助于实现品牌核心价值的自然资源,并确保其短期和长期供给的可持续性。包括但不限于:

a)企业应执行节能减排和安全环保的要求,在品牌建设过程中追求环境影响最

小化,有效防控可能的品牌形象损害风险;

b) 企业宜按照 GB/T 24001—2016 的相关要求开展对环保风险的管理;

c) 企业宜按照行业要求的能耗限额开展对能耗风险的管理,其中,重点耗能企业应执行能耗限额标准,按规定配备能源计量器具,建立能源消费统计和能源利用分析制度,加强对能耗风险的管理;

d) 非重点耗能企业宜通过资源的综合利用、短缺资源的代用、二次能源的利用,及节能、降耗、节水,合理利用自然资源,减缓资源耗竭,提高能效水平;

e) 企业宜减少废物和污染物的排放,促进工业产品生产、消耗过程与环境相融,降低工业活动对人类和环境造成的风险;

f) 企业应建立自己的碳风险管理体系,系统评估碳风险,采取主动防范、控制、补偿、承担和机遇转化相结合的方式进行碳风险管理,评估碳减排成本,并定期更新碳风险管理体系,将碳风险管理和碳合规纳入其中。

7.4 合作伙伴

企业应充分认识到合作共赢的重要性,应加强与合作伙伴的互惠关系,确保其提供的产品和服务满足企业品牌建设的需求和期望。

当企业发展伙伴关系时,应通过识别、选择、评价等诚信发展企业的合作伙伴,包括但不限于:

a) 与合作伙伴分享企业掌握的信息,使其为企业品牌建设贡献最大化;

b) 支持合作伙伴,为其提供人力、技术、标准等资源和(或)协助其提升能力;

c) 建立与合作伙伴分享提供的产品/服务利润或者共同承担损失的机制;

d) 与合作方签订提升双方的品牌价值和绩效合作协议。

注:合作伙伴可以是与品牌建设相关的产品和服务的提供者、技术和财务机构、政府和非政府组织或其他利益相关方。

7.5 财务资源

企业应充分认识到资金支持是品牌建设的重要环节,应加强资金的统筹,确保其提供的资金满足企业品牌建设的需求和期望。包括但不限于:

a) 企业应确为品牌建设提供专项资金,并列入年度预算安排,并制定品牌建设专项资金管理制度,进行专项管理。

b) 企业应监视和控制资金的有效分配和使用,资金使用范围包括品牌策划、公关活动、品牌宣传、品牌创建、品牌营销、品牌保护等投入。

c) 品牌建设需要付出一定的风险,如宣传效果不佳、公关活动失败等。为了降低风险,在决定资金使用方式时,企业应进行充分的市场调研和风险评估。同时,对资金使用情况进行定期的评估和分析,及时调整资金使用方向和策略。

7.6 信息与知识产权资源

7.6.1 企业应充分认识信息对品牌建设的重要作用,建立如何识别、获取、使用、维护和保护与品牌建设相关的国家政策、行业发展、标准、技术、设备、人才等信息,以满足企业当前和未来的需求。企业宜建立并实施包括但不限于以下管理机制:

a) 国家产业政策信息的收集、管理、使用;

b) 产业市场动态信息的收集、管理、使用;

c) 产业技术发展信息的收集、管理、使用;

d) 产业标准专利信息的收集、管理、使用;

e) 行业人力资源信息的收集、管理、使用;

f) 行业设施设备信息的收集、管理、使用。

7.6.2 企业应充分认识知识产权构成了品牌的主要载体,是品牌品质的重要担保,认识到知识产权于构建品牌建设的重要性,并以构筑品牌建设、促进品牌可持续发展为目标,推进知识产权与品牌建设的协同发展。包括但不限于下列:

a) 提高技术和产品创新能力,实现消费者核心价值期望,巩固品牌建设的价值基础;

b) 优化知识产权布局,形成专利网,搭建品牌建设的"防护网";

c) 在品牌设计和营销环节应重视知识产权的管理和应用,提高消费者对品牌的信任度。

8 过程控制

8.1 采购过程控制

企业应充分认识采购过程控制对品牌建设的重要作用,对采购过程进行有效控制,防范采购风险,包括但不限于:

a) 建立采购过程中有效的信息沟通机制,避免物料的重复采购和资金的积压;

b) 建立采购工作监督制衡机制,有效控制采购成本;

c) 加强供应商的管理,建立合格供方业绩档案;

d) 实施原材料采购标准和验收制度,有效控制采购质量风险;

e) 有效实施产品或零配件委托加工或贴牌销售质量的控制文件;

f) 加强采购风险防控,有效防范意外风险、采购质量风险、合同欺诈风险、到货验收风险、存量风险、责任风险等风险。

8.2 顾客要求控制

企业应充分识别并确定顾客的需求和期望对品牌建设的作用,加强与顾客的沟通,从而使产品或服务满足规定,并加以实施和保持,达到顾客满意,包括但不限于:

a) 应识别、明确和满足所有不同顾客的要求;在顾客的所有特殊要求没有明确和满足以前,不可生产和交付产品。

b) 顾客明示的产品要求,应包括产品质量、环保、安全要求、交付、交付后的服务、交付时间和费用等方面的要求。

c) 企业应对顾客提出的书面特殊要求文件(如产品或服务建议书),应作为合同评审的内容予以评审确定。

d) 合同评审的主要内容:技术、质量、工期、付款及结算方式等条款的合理性,以及企业对这些要求的适应能力;工装工艺、原材料、人员能力等。

e) 企业或顾客任一方提出合同修订的,应经双方协商达成一致后才能进行修订。

f) 应对顾客满意信息进行调查,找出不足,持续改进。

8.3 生产/服务过程控制

企业应通过生产或服务提供过程活动(如计划管理、工艺管理、质量管理、成本控制等活动)的实施,使产品和服务质量与品牌定位保持一致,并体现品牌核心价值。包括但不限于:

a) 应制定设备保养计划、生产或服务计划等管理文件,按计划要求组织生产或服务;

b)应制定工艺规程、检验规程、必要的作业指导书等管理文件,对生产或服务过程进行有效控制;

c)应制定《关键工序或特殊工序的质量控制》《产品标识和可追溯性管理》《库房管理》《售后服务管理》等质量管理文件,在生产或服务方面满足顾客需求;

d)应制定成本控制文件,从原材料采购、入库出库、生产过程、售后服务等环节进行成本管理。

8.4 质量检验/验证控制

企业应通过质量检验/验证过程控制的实施,确保产品或服务质量满足顾客要求,并体现品牌核心价值。包括但不限于:

a)产品严格按检验标准操作程序操作,做到五准(取样准、基准准、分析准、计算准、结果准)、三及时(取样及时、分析及时、报结果及时);

b)产品检验结果卡边、超标或出现异常,应及时复验;

c)产品质量检验应建立检验台账,记录样品名称、样品编号、规格、来源、数量、贮藏条件、收样日期、收样人、检验日期、报告日期、报告编号、报告接收人、接收日期等信息;

d)产品质量检验方法的改进、新方法的采用,应经验证,并履行批准手续;

e)服务严格按照服务提供的功能性、经济性、安全性、舒适性、时间性、文明性等六个质量特性要求,对服务质量进行验证,或进行满意度测评;

f)服务质量验证结果和满意度测评出现异常,应及时复验或重新进行满意度测评;

g)服务质量验证、测评方法的改进、新方法的采用,应经评价,并履行批准手续。

8.5 营销过程控制

企业应通过营销过程活动(如市场定位、竞争策略制定、渠道建设和维护、定价、促销等)的实施,使顾客和其他相关方形成对其品牌的认知,并致力于用品牌核心价值来获得顾客和其他相关方的认可。包括但不限于:

a)市场定位。企业应通过市场调查获悉顾客的消费要求、消费潜力、消费观念等市场需求,规划企业品牌的定位、命名、个性、主张等。

b) 竞争策略。通过分析竞争品牌的优势和弱势,自身企业的形象、规划和产品特点等,确定自身品牌价值竞争策略。

c) 渠道建设。根据企业定位的消费人群,确定营销渠道。

d) 品牌维护。建立并有效执行售后服务制度,及时处理品牌形象受损问题,维护品牌的形象,持续地对品牌进行宣传推广。

8.6 交付过程控制

企业应通过交付过程活动(如包装管理、仓储管理、物流配送管理等)的实施,满足顾客对交付方式和周期的需要,并致力于创造更高价值的顾客交付体验。包括但不限于:

a) 包装管理。企业应采用绿色包装,减少环境污染,降低碳排放。

b) 仓储管理。企业应规范成品仓库进、出、存作业程序,加强对成品仓库的管理,确保不合格成品不入库,不合格成品不销售出库,成品储存定置且保管不损坏、不混淆、不遗失。

c) 物流配送管理。企业应立足信息化与产业化的融合,发挥电子商务、物流配送等现代服务业对品牌建设的积极作用。

d) 信息化管理。企业应在销售、物流和服务等各环节采用信息化管理,提高品牌对市场、时尚、事件社会舆论、消费心理等全方位快速反应能力,创造更高价值的顾客交付体验。

8.7 售后服务控制

企业应通过售后支持过程活动(如服务终端管理、人员培训、售后技术支持、投诉处理等)的实施,满足顾客对产品配套服务的需要,并致力于超越顾客的需求和期望。包括但不限于:

a) 服务终端管理。售后服务是对企业信誉和品牌形象的持久维护,建立售后服务标准,规范售后服务,保证产品或服务发挥最大的效益,提高顾客对产品的满意度和信任度,提高产品的市场占有率。

b) 人员培训。加强全员服务人员的技能培训,树立顾客满意是检验服务工作标准的理念,要竭尽全力为顾客服务,文明服务。

c)售后技术支持。熟练完成售后服务工作,及时解答顾客疑问;及时快速地处理投诉,对产品发生的故障,要判断准确,及时修复。

d)服务改进。企业在常规的售后服务基础上,每年应进行一次服务调查评估,并形成报告;还应注重信息化手段,及时了解顾客对产品感受;通过数据分析,改进企业的产品和服务。

9 产品/服务管理

9.1 产品或服务质量

企业应充分认识到质量是构成品牌价值的关键要素,为了使顾客通过质量认知获得对品牌的良好认知,企业应结合品牌定位,给顾客提供期望的产品/服务质量要求,包括但不限于:

a)主要产品/服务质量水平达到国际先进;

b)主要产品/服务质量水平达到国内先进;

c)主要产品/服务质量水平达到行业先进;

d)主要产品/服务质量水平达到区域先进。

9.2 标准化管理

企业应充分认识到标准是构成品牌价值的重要因素。标准化可以从技术含量和管理水平上规范和提高产品/服务品质、质量,为确保产品/服务执行标准的先进性,标准应符合下列的任一要求:

a)采用先进性标准,包括国际标准和先进国际标准组织生产或服务;

b)产品或服务符合国家强制性标准要求;

c)产品或服务符合国家推荐性标准要求;

d)产品或服务符合行业标准要求;

e)产品或服务符合地方标准要求;

f)产品或服务符合品牌定位,但高于行业同类要求的团体标准要求;

g)产品或服务符合品牌定位,高于行业同类要求的、具有竞争力的企业标准要求;

h)产品或服务达到全国行业、地方行业企业标准领跑者要求。

9.3 产品认证

企业应认识到经过产品/服务认证树立起良好的信誉和品牌形象,同时让顾客和消费者也通过认证标志来识别产品/服务的质量好坏和安全与否。企业提供的产品/服务应符合相关要求的生产资质或产品认证:

a) 符合生产许可证要求;

b) 满足产品/服务认证要求;

c) 符合销售地区的管理要求。

9.4 产品/服务质量安全

企业应充分认识到产品/服务质量安全是构成品牌价值的极其重要的要素,产品或服务质量安全有效管理,企业提供顾客的产品/服务,应符合包括但不限于:

a) 符合安全卫生等强制性标准要求;

b) 无质量安全事故发生;

c) 在国家"双随机一公开"监督抽查中无不合格报告;

d) 无反映对企业及其产品感受的负面媒体报道。

10 创新管理

10.1 品牌创新

企业应充分认识技术创新与产品/服务开发对品牌建设的重要作用,建立和完善创新管理机制,具备持续技术创新能力。品牌创新包括但不限于:

a) 制定创新战略及实施计划,并提供资源保障;

b) 建立有效的创新激励机制和可靠的技术支撑体系;

c) 具有自主开发知识产权的创新能力;

d) 具有较高水平的科技成果转化为新产品能力;

e) 有服务创新意识,不断满足顾客的潜在需求;

f) 科研人员占比高于同行业水平;

g) 研发投入强度高于地区水平;

h) 企业用技术创新改进老产品或开发新产品。

10.2 标准化创新

企业充分认识到标准化创新对品牌建设的引领作用,建立和完善标准化创新机制,充分运用标准化原理和方法,以科技创新和标准创新互动融合为品牌核心竞争力,具备持续标准化创新能力。创新管理包括但不限于:

a)采用先进性标准,包括国际标准和先进国际标准;

b)参与标准排行榜工作;

c)实施标准领跑者活动;

d)参与国际国内标准化专业委员会组织工作;

e)主导或参与国际国内标准制修订工作;

f)实施对标达标,为行业提对标方案;

g)争创国家、地方标准创新贡献奖;

h)实施标准创新型企业梯度认定管理,做高质量发展的先导型、创新型行业标杆企业。

10.3 知识产权创新

企业应充分认识知识产权中包含了品牌,并且对构筑品牌信任、促进品牌可持续发展、提高顾客对品牌的信任度有着的重要作用。知识产权创新能力包括但不限于:

a)主要产品有发明专利支撑;

b)主要产品的专利为必要专利数量;

c)主要产品有实用新型专利的数量;

d)主要产品有外观专利的数量;

e)有PCT国际专利数量。

11 监视、测量、评价与改进

11.1 总则

企业在品牌建设中应当制定并实施以下方面所需的监视、测量、评价与改进方法:

a)证实品牌建设达到预期目标、效果;

b)确保品牌建设所有相关过程与品牌战略协调一致并持续受控;

c)确保品牌建设的持续适宜性、充分性和有效性;

d)评价并改进品牌建设能力和绩效。

监视、测量、评价与改进的结果应在企业相关职能和层次上进行沟通,以确保各相关方对企业品牌建设现状及未来的努力方向达成共识。

11.2 监视

在品牌建设过程中,企业应当建立并保存对内外部环境的监视、收集和建设所需的信息记录文件,分析总结,以便于:

a) 识别顾客及其他相关方当前和未来的需求和期望;
b) 评估品牌建设的优势、劣势、机会和威胁;
c) 确定替代产品/服务、竞争产品/服务或新产品/服务的需求;
d) 评估当前和未来的市场和技术变化对品牌建设的影响;
e) 预计当前和未来的法律法规要求的改变。

11.3 测量

11.3.1 总则

企业应在品牌建设的相关层次和职能上,对照品牌战略,评估企业实现其策划结果的能力。企业应确定对关键绩效指标和体系运行情况进行测量的频次和方法,并对测量获取的数据和信息进行分析,以便确定:

a) 品牌建设绩效水平和变化趋势;
b) 品牌建设是否得到有效运行。

企业应根据测量和分析的结果,采取必要的改进措施(见 11.5)。

测量活动除对关键绩效指标的测量外,还应至少包括自我评价(11.3.2)、标杆对比(11.3.3)的内容,但不限于此。

11.3.2 自我评价

企业应依据本文件的指标要求,定期组织品牌建设成熟度评价,以确定各过程的成熟度水平和变化情况。通常情况下,企业每年至少应对品牌建设全部过程进行一次完整的评价,并根据评价结果采取必要的改进措施(见 11.5),以便逐步提升企业的品牌建设能力。

11.3.3 标杆对比

企业应确定拟设立标杆的品牌建设相关过程或结果的范围,并制定标杆对比的方法,包括标杆选取的对象、拟对比的指标、标杆信息收集的渠道、标杆对比的时机或频次等,并按方法开展标杆对比活动。企业应根据对比结果采取必要的改进措施(见11.5),以便逐步缩小与标杆的差距或保持自己优势。

11.3.4 品牌价值评价

企业应定期开展品牌价值评价。企业可自行开展或委托专业机构开展品牌价值的评价工作,但不论采用哪种方式开展评价,均应确保评价结果的客观性。企业应针对不同时期的评价结果进行差异分析,并确定改进品牌绩效的机会。

11.3.5 内部审核

企业应每年组织至少一次内部审核,以评价品牌建设的符合性和有效性。

审核应由具备能力的人员实施。为保证审核的独立性,审核人员不应审核自己的工作。

内部审核可作为识别问题、风险、不符合,以及监视过程运行的有效工具,也可用于识别良好实践和改进机会。

内部审核的结果通常形成报告,应为以下活动提供有价值的信息来源或依据:

a) 发现品牌建设中的问题和不符合,并加以纠正和改进;

b) 树立企业的内部标杆,并在企业内推广良好实践。

11.4 管理评审

最高管理者应按每年一次规定的时间间隔开展管理评审,以确定品牌建设持续的适宜性、充分性和有效性。

企业应从多种途径搜集信息,为管理评审提供支持。包括但不限于:

a) 环境监视的结果;

b) 对品牌建设过程及关键绩效指标的测量结果;

c) 自我评价的结果,以及与标杆对比的情况;

d) 品牌机制的变化情况;

e) 审核的结果;

f) 上次管理评审决议落实的情况。

管理评审形成的报告应包括对企业品牌战略适宜性以及品牌建设对于实现预期

品牌目标有效性的评价,并提出改进的需求及计划。

11.5 改进

企业应采用适宜的方法对品牌建设及其绩效进行持续的改进和创新。包括但不限于以下方面:

a) 针对成熟度较低的过程或未达到预期绩效目标的活动进行原因分析。

b) 针对导致实际问题或潜在问题的原因采取纠正或改进措施。其中,措施应能防止实际问题重复发生或潜在问题的实际发生,并与问题的影响程度相适应。

c) 评审所采取措施的有效性。

附录 A
（资料性附录）
品牌战略规划的详细流程

A.1 品牌战略规划详细流程见表 A.1。

表 A.1 品牌战略规划的详细流程

流程	事项	子事项	具体工作
1	品牌诊断和定位	品牌诊断	1.研究市场环境、行业特点
			2.品牌与消费者的关系
			3.品牌与竞争品牌的关系
			4.品牌的资产情况
			5.品牌的战略目标、品牌架构、品牌组织等
		品牌定位	1.厘清战略机会。选择主流市场、强势品类，自身资源要能够支持定位，才能把握住战略机会
			2.找准竞争对手。竞争对手就是跟你抢夺顾客的品牌或品类，找准竞争对手，想办法把他的顾客变成你的顾客
			3.针对对手确立定位。面临可能出现的好几个定位机会，要结合企业自身实力、应有资源和未来趋势，从中选择与自身资源匹配度更高的
			4.定位的验证模型。定位主要从竞争对手、顾客心智和企业资源三个角度来验证，只有找到了三个角度中重合的部分，定位才是真定位。从顾客心智的角度说，不仅要让顾客心智认可并相信你，同时还要考虑未来的趋势。从企业资源角度来看，不仅要与自身资源匹配，还要考虑到企业家的意愿。情怀当然重要，但最好能用商业实现情怀，而不是用情怀去做商业
2	品牌愿景和目标制定	品牌愿景	品牌愿景就是告诉顾客、股东及员工品牌未来的发展方向
		品牌目标	品牌目标就是告诉消费者、股东及员工品牌未来的目标
3	品牌核心价值提炼	高度的差异化	高度差异化的核心价值能与众不同，引发消费者的内心共鸣。差异化的品牌核心价值还是避开正面竞争，低成本营销的有效策略
		富有感染力	深深触动顾客的内心世界，增强顾客的忠诚度

(续表)

流程	事项	子事项	具体工作
3	品牌核心价值提炼	核心价值	核心价值主要通过产品、服务不断地把价值长期一致地交付给顾客,获得顾客真正地认同核心价值;但企业的产品和服务需要相应的资源和能力的支持,才能确保产品和服务达到核心价值的要求
		具备广阔的包容力	品牌延伸能否成功的关键是核心价值是否包容新产品,企业期望通过品牌延伸提高品牌无形资产的利用率来获得更大的利润,在提炼规划品牌核心价值时充分考虑前瞻性和包容力,预埋好品牌延伸的管线
		有利于获得较高溢价	应通过塑造大品牌与业内领先地位的形象、赋予品牌高档感高价值感、有效标识出高中低价格的不同产品提高品牌溢价能力
4	制定品牌中长期战略	品牌战略组成	品牌核心价值确定后,应该围绕品牌核心价值制定品牌战略,并尽最大可能使其具有操作性。品牌战略由品牌战略架构和品牌识别系统构成
		品牌战略架构	1. 企业是采取单一品牌战略,还是多品牌战略
			2. 企业品牌与产品品牌的关系如何处理,是采用"企业品牌 + 产品品牌",还是不考虑企业品牌采用"产品品牌"
			3. 企业发展新产品是用新品牌,还是用老品牌来延伸,还是采用副品牌来彰显新产品个性
			4. 新品牌、副品牌的数量多少合适
			5. 如何发挥副品牌反作用于主品牌的作用
		品牌识别系统构成	1. 品牌的产品识别、理念识别、视觉识别、气质识别、行为识别、责任识别等
			2. 具体界定规范了一个品牌的企业理念文化,价值观和使命,产品品质、特色、用途、档次、包装、VI 系统,影视广告,海报,品牌的气质特点,品牌在同行业中的地位,品牌的企业社会责任感,品牌的企业行为制度,员工行为制度,等等
			3. 品牌识别系统具体界定了企业营销传播活动的标准和方向,使品牌核心价值这个抽象的概念能和企业日常活动有效对接具有可操作性。把品牌战略的文字性东西,分解到产品的研发、生产、品质、特色、渠道、广告、促销、服务等方面,甚至每个员工的行为上

(续表)

流程	事项	子事项	具体工作
5	品牌管理机制	品牌经理制度	1.对于实力雄厚、品牌较多的企业可以借鉴宝洁的经验,例如上海家化实施品牌经理制度就取得了成功
		品牌管理组织	2.品牌管理组织应拥有产品开发制造权、市场费用支配权、产品价格制定权等,从而把握品牌发展的大方向
6	品牌传播推广	传播推广原则	1.合理布局运用广告、公关赞助、新闻炒作、市场生动化、关系营销、销售促进等多种手段。单一的广告往往只能提高品牌知名度,难以形成品牌美誉度,更难积淀成品牌文化
			2.根据目标消费群的触媒习惯选择合适的媒体,确定媒体沟通策略
			3.品牌传播要遵守聚焦原则。不可将有限的资源"撒胡椒面"似的盲目乱投,而应进行合理规划与聚焦,在某一区域市场"集中兵力打歼灭战"
			4.品牌传播要持久、持续。品牌的提升是一项系统工程,需要长久的投入与坚持,切不可前功尽弃、半途而废
7	维护品牌	持之以恒	一个强大的品牌不是由创意打造的,而是由"持之以恒"打造的
		横向坚持	同一时期内,产品的包装、广告、公关、市场生动化等都应围绕同一主题和形象
		纵向坚持	品牌不同时期的不同表达主题都应围绕同一品牌核心价值
8	策划品牌延伸	延伸风险	品牌延伸是把双刃剑,它可以是企业发展的加速器,也可以是企业发展的滑铁卢
		延伸的原则	1.延伸的新产品应与原产品符合同一品牌核心价值
			2.新老产品的产品属性应具有相关性
			3.延伸的新产品必须具有较好的市场前景

ICS 01.120
CCS A 00

T/SPCH

陕西省企业品牌建设促进会团体标准

T/SPCH 002—2023

代替 T/SPCH 2.1—2021

品牌评价　通则

Evaluation of brand: General principles

2023-02-15 发布　　　　　　　　　　2023-02-21 实施

陕西省企业品牌建设促进会　发布

前　言

本标准是对 T/SPCH 2.1—2021《品牌评价　通则》的修订。

本标准与 T/SPCH 2.1—2021 的主要技术差异：

——本标准的结构、技术要素及表述规则按照 GB/T 1.1—2020《标准化工作导则　第 1 部分：标准化文件的结构和起草规则》的规定进行修改。

——对规范性引用文件(2)进行了增加。

——对评价对象指标(5.1)进行了修订、调整和增加。

——对体系构成指标(6.1)进行了修订、调整和增加。

——对工作程序指标(8)进行了修订、调整和增加。

本标准自实施之日起，代替 T/SPCH—2021《品牌评价　通则》。

本标准由陕西省企业品牌建设促进会提出并归口。

本标准起草单位：陕西省企业品牌建设促进会、陕西省质量管理和质量保证标准化技术委员会、西安市企业品牌建设协会、西安市品牌建设标准化技术委员会、陕西省质量品牌与标准化研究院、陕西钢铁集团有限公司、宝钛集团有限公司、陕西黄金集团股份有限公司、陕西方园品牌标准化管理有限公司、西安中标品牌策划推广中心、西安华易亿嘉大健康科技有限公司、陕西国政育康管理集团有限公司、陕西蔚蓝节能环境科技集团有限责任公司。

本标准主要起草人：张全瑜、关养利、杨广银、叶毅、王兴福、陶学力、杨文谭、刘小航、马小平、赵凌、杨利民、刘永智、姜明、蔡培祖、沈雷、张兴发、李秦康。

品牌评价　通则

1　范围

本文件规定了品牌评价的术语和定义、基本原则、总体要求、指标体系、数据获取与结果测算、工作程序、评价方法和评价报告的要求。

本文件适用于开展品牌评价和管理工作。

2　规范性引用文件

下列文件中的内容通过文中的规范性引用而构成本文件必不可少的条款。其中,注日期的引用文件,仅所注日期的版本适用于本文件;不注日期的引用文件,其最新版本(包括所有的修改单)适用于本文件。

GB/T 27925—2011　商业企业品牌评价与企业文化建设指南

GB/T 29187—2012　品牌评价　品牌价值评价要求

GB/T 36680—2018　品牌　分类

3　术语和定义

GB/T 29187—2012 界定的以及下列术语和定义适用于本文件。

3.1　品牌 brand

与营销相关的无形资产,包括(但不限于)名称、用语、符号、形象、标识、设计或其组合,用于区分产品、服务和(或)实体,或兼而有之,能够在利益相关方意识中形成独特印象和联想,从而产生经济利益(价值)。

3.2　强势品牌 strong brand

对经济环境具有极好的适应性并因此而生存和发展起来的品牌,在市场上处于强势地位,对促进经济发展具有规模性效益。

3.3　知名品牌 well-know brand

有较高知名度的品牌(商标),竞争力较强,品牌影响力较大,具有较高市场占有率。

3.4 创新品牌 innovate brand

通过技术、质量、商业模式和企业文化创新,增强品牌生命力,对推动行业发展有明显效果。

3.5 优秀品牌 excellent brand

品牌拥有者的产品、服务或其他优于多数竞争对手,有一定的品牌知名度和市场占有率。

4 基本原则

4.1 平等自愿

具有独立法人资格,符合品牌评价基本条件的在陕企业和社会组织机构均可自愿申报。

4.2 公平公正

成立品牌评价专业委员会、品牌评价监督委员会,规范评价程序,广泛征求社会意见,确保评价工作客观、透明、公正。

4.3 科学合理

从品牌要素、发展、维度、强度、绩效等多方面设计评价标准,确保指标体系科学合理,评价方法先进适用。

4.4 统一协调

通则和其他各领域评价指标是一个整体,既相互联系又相对独立,其中通则是其他各领域评价指标的根本准则,其他各领域评价指标不能与通则的内容矛盾和重复。

5 总体要求

5.1 评价对象

一般为开展品牌价值要素评价、品牌评价、品牌认定和品牌管理等活动的实体,包括但不限于以下要求:

a) 依法注册登记,具有独立法人资格。

b) 运营和财务状况良好,近 3 年内无重大安全、环境、质量事故。

c) 建立了科学规范的质量管理体系并有效运行,坚持持续改进。

d) 企业拥有自主品牌,产品质量稳定,在本地区、本行业具有较强的影响力和良好的诚信度。

e) 成立了品牌建设机构,应配备首席品牌官(品牌总监)、品牌官和品牌专员。品牌专业人员应经过培训,取得相应资格。在企业内部开展了相关培训和交流活动。

f) 品牌战略和品牌培育目标明确,编制形成品牌管理体系文件并实施运行。

g) 申报组织根据自身的发展情况,应经过一定的培育期,方可进行材料申报。

h) 申报组织应参加申报培训或其他形式的培训。

i) 申报组织应保证材料的真实可靠、规范有效。

j) 申报组织及其法定代表人无不良信用记录。

k) 申报企业或组织应进行由第三方机构组织的顾客满意度、品牌知名度和品牌忠诚度的调查测评,并出具测评报告或其他证明材料。

l) 申报强势品牌的企业,近三年的年平均销售收入应达到 10 亿元以上(其中服务业企业应达到 10 亿元以上,农业企业应达到 20 亿元以上,汽车配件制造企业应达到 30 亿元以上,医疗服务业、通用机械设备和汽车整车企业应达到 50 亿元以上,矿业和能源企业应达到 200 亿元以上)。

申报企业销售额根据企业的不同以及行业特点和市场占有水平进行调整。

在国际市场具有一定影响的企业产品,由评价委员会研究审定。

m) 农业企业及地域农副产品申报品牌,其具有地域特色,产品具有稀缺性和品牌忠诚度、知名度高,以及培育发展潜力大的,年营业额可放宽到 500 万元以上。

特色美食、非物质文化遗产、经营老店等具有传统文化特色的企业,达到 40 年以上历史的,根据综合能力确定相应的品牌等级水平。

5.2 评价人员能力

评价人员应具备开展评价工作必要的业务基础知识和综合素质,使其能够按照第 4 章所描述的评价原则进行工作,包括但不限于以下要求:

a) 职业素养,如客观、公正、诚信和严谨等;

b) 达到预期评价结果所必要的基本知识和技能,如掌握评价程序、方法,具有良好的沟通与理解能力;

c) 验证所收集信息的相关性和准确性的能力,报告撰写能力等;

d) 具备特定领域与专业的知识和技能,以适应品牌主体特定领域的评价。

6 指标体系

6.1 体系构成

6.1.1 品牌评价包括品牌企业、品牌产品、品牌标志、品牌人物、品牌社会组织及机构组织等,采取文件资料书面审查和现场核查相结合的方法进行评价,其中品牌企业、品牌产品、品牌人物、品牌社会组织以打分为主,品牌标志(商标)的评价以专家组评审意见为主。

6.1.2 品牌建设的基础主要由有形要素、质量要素、创新要素、服务要素和无形要素等五要素构成,品牌企业、品牌产品、品牌标志、品牌人物、品牌社会组织的评价分值和占比由陕西省企业品牌建设促进会依据有关标准制定。

6.1.3 总分值为1 000分。

6.1.4 被评价组织综合评价分值达到900分以上评为强势品牌,800分以上评为知名品牌,700分以上评为优秀品牌,700分以下评为品牌培育示范企业。

根据组织的产品/专精特新的特点,评定精品品牌、创新品牌和特色品牌等,精品品牌必须达到900分以上,创新品牌必须达到700分以上且具有创新特征,特色品牌必须达到700分以上。

根据组织所处地域,评价地域品牌企业、品牌产品(地市级品牌)。组织评价分值达到800分以上评为知名品牌,700分以上评为优秀品牌。

6.2 指标选取

需考虑但不限于以下方面:
——充分体现品牌主体所属行业的特征;
——可以通过定量或定性的方法对指标进行评价;
——评价数据可获得;
——评价指标之间宜避免高度线性相关;
——需方的其他特殊需求等。

7 数据获取与结果测算

7.1 数据获取

评价数据获取的渠道包括但不限于:

——被评价品牌公开发布或提供的信息和数据;

——国际、国家和地方政府部门公布的相关统计数据;

——评价主体采用调查等方式获取的与评价相关的信息和数据;

——可采信的第三方机构提供的相关调查报告、文献等相关资料;

——社会媒体等公开发布的相关信息。

7.2 结果测算

不同领域品牌评价指标的量化评价可根据对应评价要求所给出的方法和分值进行测算获得,也可根据实际情况,进行必要的优化。

8 工作程序

8.1 申报

申报前应先经过培训,并按通知要求填写申报书,准备有关资料,经组织所在市(区)办事处初步审查、行业主管部门推荐或直接申报等途径,提交陕西省企业品牌建设促进会。

8.2 文件资料书面审查

陕西省企业品牌建设促进会组织专家或委托第三方服务机构对申报组织的上报材料进行文审,并视情征求相关部门、机构意见。

8.3 现场核查

陕西省企业品牌建设促进会组织专家或委托第三方服务机构赴申报组织进行现场核查。

8.4 评价专业委员会综合评审

由品牌评价专业委员会进行综合评审,并提出拟评价为品牌的名单。

8.5 监督委员会提出监督意见和建议

由品牌评价监督委员会对评价过程进行监督,提出监督意见和建议。

8.6 公示

评价结果在指定的省级新闻媒体或陕西省企业品牌建设促进会官网进行公示,公示期为7个工作日。

8.7 发布

公示期满的评价结果经陕西省企业品牌建设促进会研究决定后,在指定的省级新闻媒体或陕西省企业品牌建设促进会官网向社会发布。

8.8 颁发证书及牌匾

对评价为品牌企业、品牌产品、品牌标志、品牌人物、品牌社会组织和品牌培育示范企业的,由陕西省企业品牌建设促进会颁发证书及牌匾。

8.9 评价后管理

8.9.1 获得各类品牌的组织应按标准要求,持续保持品牌所具备的条件。

8.9.2 陕西省企业品牌建设促进会按照评价标准要求,每年组织获得品牌的组织开展一次自查活动,不断完善确保品牌应有的条件。

8.9.3 获得品牌的组织应每年(次年3月底前)填报品牌建设业绩报告,陕西省企业品牌建设促进会组织专家进行复审,复审合格的,其品牌评价称号继续有效,连续两年复审合格的组织,可申报升级品牌评价。对复审不合格的要求其限期改正,改正后仍不合格,以及出现重大问题并受到行政处罚的,撤销其品牌评价称号,收回证书及牌匾,并在指定的省级新闻媒体或陕西省企业品牌建设促进会官网向社会公布。

8.9.4 如发现撤销后继续使用品牌评价称号,从事品牌荣誉宣传活动,在社会上造成不良影响的,陕西省企业品牌建设促进会将追究其法律责任。

9 评价方法

开展评价时可遵循以下程序:

a) 明确评价目的;

b) 确定评价对象,界定被评价品牌的品牌主体和所属的行业时,见 GB/T 36680—2018;

c) 确定评价的具体内容,选取对应评价指标;

d) 确定评价指标的权重或占比,明确评价信息采集方案并实施;

e) 对评价指标进行量化,计算评价结果;

f) 对评价结果的符合性进行检验和修正;

g) 出具评价报告。

10　评价报告

应明确陈述下列内容：

a）评价人员的相关信息；

b）评价目的；

c）评价对象；

d）评价依据；

e）评价指标；

f）评价所采用的方法；

g）评价过程（含取得成效、存在问题和意见建议）；

h）评价结论。

ICS 01.120
CCS A 00

T/SPCH

陕西省企业品牌建设促进会团体标准

T/SPCH 003—2023

代替 T/SPCH 2.2—2021

品牌评价 企业

Evaluation of brand: Enterprise

2023-02-15 发布

2023-02-21 实施

陕西省企业品牌建设促进会　发布

前　言

本标准是对 T/SPCH 2.2—2021《品牌评价　企业》的修订。

本标准与 T/SPCH 2.2—2021 的主要技术差异：

——本标准的结构、技术要素及表述规则按照 GB/T 1.1—2020《标准化工作导则　第 1 部分：标准化文件的结构和起草规则》的规定进行修改。

——对规范性引用文件(2)进行了增加。

——对标准指标增加了"企业提供证实性资料"的要求。

——对党建引领指标(6.1.1)进行了增加。

——对企业综合品质指标(6.2)进行了修订。

——对加分项指标(6.6)进行了修订、调整和增加。

——对否决项指标(6.7)进行了修订和增加。

本标准自实施之日起，代替 T/SPCH 2.2—2021《品牌评价 企业》。

本标准由陕西省企业品牌建设促进会提出并归口。

本标准起草单位：陕西省企业品牌建设促进会、陕西省质量管理和质量保证标准化技术委员会、西安市企业品牌建设协会、西安市品牌建设标准化技术委员会、陕西省质量品牌与标准化研究院、陕西钢铁集团有限公司、宝钛集团有限公司、陕西黄金集团股份有限公司、陕西方园品牌标准化管理有限公司、西安中标品牌策划推广中心、西安华易亿嘉大健康科技有限公司、陕西国政育康管理集团有限公司、陕西蔚蓝节能环境科技集团有限责任公司。

本标准主要起草人：张全瑜、关养利、杨广银、叶毅、王兴福、陶学力、杨文谭、刘小航、马小平、赵凌、杨利民、刘永智、姜明、蔡培祖、沈雷、张兴发、李秦康。

品牌评价 企业

1 范围

本文件规定了品牌企业评价的术语和定义、基本要求、指标体系、指标设置。

本文件适用于开展品牌企业评价和管理工作。

2 规范性引用文件

下列文件中的内容通过文中的规范性引用而构成本文件必不可少的条款。其中,注日期的引用文件,仅所注日期的版本适用于本文件;不注日期的引用文件,其最新版本(包括所有的修改单)适用于本文件。

GB/T 29187—2012 品牌评价 品牌价值评价要求

T/SPCH 2.1 品牌评价 通则

3 术语和定义

GB/T 29187—2012 界定的以及下列术语和定义适用于本文件。

品牌企业 brand enterprise

通过一定品牌评价程序,达到相关评价指标要求的工业制造业、农副产业、建筑业、建筑材料业、医疗行业、医疗器械业、健康产业、餐饮行业、艺术行业、教育培训行业、服务业、文化产业等行业的法人单位。

4 基本要求

4.1 开展品牌企业评价工作时,应按照 T/SPCH 2.1—2021 中规定的基本原则、总体要求、整体程序和评价方法进行。

4.2 在构建评价指标体系、获取评价数据、计算评价结果、出具评价报告时应符合 T/SPCH 2.1—2021 的规定。

4.3 实施评价的人员应具备 T/SPCH 2.1—2021 中确定的能力要求。

5 指标体系

5.1 体系构成

品牌企业评价指标体系由品牌建设能力、企业综合品质、顾客与市场、可持续发展、品牌声誉五个方面构成。

5.2 要素组成

品牌企业评价指标体系核心要素见下图。

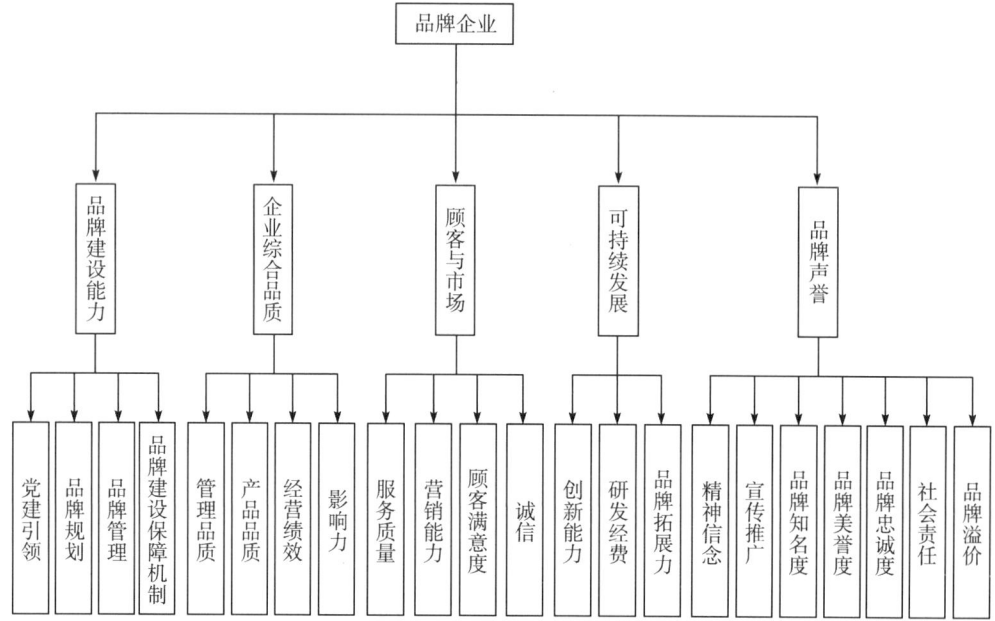

6 指标设置

6.1 品牌建设能力（分值200分）

6.1.1 党建引领（分值30分）

——按照党章规定要求，独立或联合建立党组织。

——按照"六有"（有场所、有设施、有标志、有党旗、有书报、有制度）标准建立活动场所，党组织活动丰富，工作材料齐全。

——党组织的战斗力、对上级要求的执行力、突出问题的解决率、群众对党组织的满意率，各单项评价满意率分别达到60%、70%、80%、90%以上。

6.1.2 品牌规划(分值50分)

——在战略层面上重视品牌建设,企业整体经营发展战略应包括品牌建设方针和目标的制定、品牌化决策、品牌模式选择、品牌识别界定、品牌延伸规划、品牌规划等方面的内容。

——为确保品牌战略实施的有效性和效率,企业应准确识别相关方对品牌的不同需求和期望所引起的潜在风险和机遇,及时确定是否需要评审和更新其品牌战略。

6.1.3 品牌管理(分值60分)

——对企业品牌进行有效管理,包括品牌管理的组织与执行、品牌状态的监视、品牌策略的调整以及品牌保护等内容。

——建立品牌管理制度,并以企业文件形式体现。

6.1.4 品牌建设保障机制(分值60分)

——设有专门负责品牌建设的职能部门,岗位设置明确,人员结构合理,数量充足,品牌建设从业者应经过专业培训并获得一定资格。

——提供必要的财力支持,保障品牌管理和经营活动的有效实施。

——提供必要的物质资源和良好的生产办公环境,以及开展各类活动所必需的基础设施。

——建立品牌危机防控体系并制定保障措施。

6.2 企业综合品质(分值300分)

6.2.1 管理品质(分值70分)

企业建立了不限于下列有效运行的管理体系,管理体系获得有效认证:

——按照 GB/T 19001 要求建立了质量管理体系。

——按照 GB/T 24001 要求建立了环境管理体系。

——按照 GB/T 45001 建立了职业健康安全管理体系。

——按照 GB/T 39604 要求建立了社会责任管理体系。

——按照 GB/T 31950 系列标准建立了企业诚信管理体系。

——按照 GB/T 15496、GB/T 15497、GB/T 15498、GB/T 19273、GB/T 35778 建立了企业标准体系。

6.2.2 产品品质(包括服务性质类)(分值90分)

——主要产品的质量应符合相关标准要求,且外观形态(含包装)有其美观度和实用性。

——注重产品质量信息的收集、统计和分析,并依据分析结果提出改进措施并实施。

——近三年来企业在保障产品质量方面所做的主要工作及获得的荣誉。

6.2.3 经营绩效(分值100分)

——企业近三年的利润总额、纳税总额。

——近三年主要产品销售收入的增长率。

6.2.4 影响力(分值40分)

——企业规模情况。

——产品(选择层面:国际、国内、省内、市内)占同类产品的市场份额。

——品牌形象国际化程度,包括进入国际市场的品牌数量和名称,以及近三年该品牌销售额。

6.3 顾客与市场(分值150分)

6.3.1 服务质量(分值60分)

——制定系统有序的服务规范化要求。

——对顾客承诺的服务及时有效兑现。

6.3.2 营销能力(分值30分)

——建立了营销管理机制和规制。(查看市场分析、营销策划、营销管理等相关材料)

——营销人员对企业的发展和销售的产品有足够的信心,熟悉产品的技术水平功能。(核查组通过与营销人员交谈,了解营销人员对企业的发展的信心和销售的产品技术及功能掌握情况)

——营销人员有良好的营销能力。

——制定系统有序的服务规范化要求。(企业提交相关文件)

——对顾客承诺的服务及时有效兑现。

——顾客满意度在同行业中处于领先水平。

通过和营销人员的交谈、沟通,根据营销人员的公关能力、市场信息搜集处理能力、开拓创新能力、应变能力和思考与总结能力给予打分。

6.3.3 顾客满意度(分值 30 分)

——顾客满意度在同行业中处于领先水平。

6.3.4 诚信(分值 30 分)

——把诚信作为核心价值观,纳入企业发展战略。

——为企业设定诚信建设目标,为员工制定诚信行为准则。

——对员工的诚信要求,主要通过教育、培训、激励、监察和约束等方式得以落实。

——采取诚信承诺管理、诚信评价管理等措施,提升企业的诚信水平。

——对与诚信相关的风险进行分析,并建立风险规避和紧急事件响应程序。

6.4 可持续发展(分值 100 分)

6.4.1 创新能力(分值 30 分)

——企业有计划地培养和引进相关人才,形成能够胜任品牌建设和企业高质量发展所需要的人才梯队。

——企业应高度重视人力资源管理与开发,定期对各级领导和员工进行任职能力评定和绩效考核。

——企业研发人员数量及占组织总员工的比例,高等教育的员工(大专、本科、硕士、博士)占总员工的比例。

——企业现有研发机构数量及等级。

6.4.2 研发经费(分值 30 分)

——企业近三年研发投入及占销售收入的比重。

——企业重视研发经费的管理,制定了相关规定,落实了专款专用。

6.4.3 品牌拓展力(分值40分)

——企业近三年新产品或新服务占销售收入的比重。

——企业拥有的核心技术或业务,在科技、创新方面获得的荣誉。

6.5 品牌声誉(分值250分)

6.5.1 精神信念(分值30分)

——企业简要描述在塑造积极创新、公平竞争、承担社会责任的企业精神和正确的价值观方面所做的工作。

——企业简要描述在发扬优良传统、时代精神和落实企业个性融合的共同信念、作风和行为准则方面所做的工作。

——企业简要描述如何使员工对本企业的生产、发展、命运和未来抱有理想和希望,企业根据自己的情况提炼出能够充分显示自己企业特色的企业精神。

6.5.2 宣传推广(分值30分)

——通过发行报纸刊物、开通内部广播、建立网络平台等各种方式,宣传和推广企业文化。

——通过多种方式向员工传达企业的价值观,阐释品牌和文化的内涵与意义,培养员工对企业文化的认同感、归属感。

——对社会公众进行必要的文化传播,使公众了解其文化和品牌形象,树立良好的社会形象。

——开展和参与内部及外部的评价表彰活动,激发员工的工作积极性和责任心,奖励符合企业价值观的行为。

6.5.3 品牌知名度(分值30分)

——企业标识的设计能体现其经营宗旨和理念,符合品牌、产品、服务等方面的形象要求,并具有显著性,容易被识别。

——公众能通过企业行为或企业标识形成认知。由企业提交大宗客户名单,核查组抽样调查评价。

6.5.4 品牌美誉度(分值30分)

——公众对企业通过品牌推广、文化活动、经营活动等行为传递出的信息产生认同,有良好心理感知。由考评组按照随机原则抽取一定数量的公众进行调查评价。

——企业的品牌和文化赢得了认可和赞誉,公众愿意优先选择其产品和服务。由核查组按照随机原则抽取一定数量的公众进行调查评价。

6.5.5 品牌忠诚度(分值30分)

——重复购买的频率与数量反映了顾客的忠诚度。由企业提供顾客名单,由考评组按照随机原则抽查。

——顾客向其他消费者推荐该品牌和企业。由企业提供顾客人员名单,由考评组按照随机原则抽查。

——顾客主动地关心与该品牌相关的信息,访问品牌网站并积极参与相关活动。由企业提供顾客人员名单,由考评组按照随机原则抽查。

6.5.6 社会责任(分值60分)

——从财务、产品与服务、管理结构等方面为社会创造利润、实际经济价值。

——承担持续发展责任,主要体现在质量方面。

——履行法律法规规定的各项义务和责任,注重以人为本,合法雇佣员工,合理安排工作时间,尊重员工及其权益。

——开展社会责任活动,包括消费者权益保护、相关利益方权益维护、自然环境保护、促进社区发展和公益事业等。

6.5.7 品牌溢价(分值40分)

——近三年在行业的影响力排名提升情况。

——近三年新产品市场占有率增加率。

6.6 加分项

加分项主要评价指标为:

——企业连续生产或经营年限。

——企业科技创新实现国内突破、实现国际突破、破解"卡脖子"难题的技术、实现产业化的。

——产品或服务通过(获得)各级认证(不含强制性认证)或注册(检测)。

——最近三年平均年销售收入增加。

——最近三年企业职工平均月工资逐年增长。

——申报企业为社会捐赠额度。

——产品进入国际市场。

6.7 否决项

6.7.1 企业或组织近三年存在以下情形之一且受到行政处罚的,实行一票否决,不得评为品牌企业或组织:

——连续出现亏损。

——涉及制售假冒伪劣产品。

——出现安全生产事故。

——涉及环境污染问题。

——涉及资源浪费问题。

——涉及侵犯知识产权案件。

——涉及不良信用记录。

6.7.2 连续三年未参加社会公益活动,或有其他重大违反法律、法规等行为的企业,以及具备建立条件,无故未独立或联合建立党组织的企业或组织,不得评为品牌企业或组织。

ICS 01.120
CCS A 00

T/SPCH

陕西省企业品牌建设促进会团体标准

T/SPCH 004—2023
代替 T/SPCH 2.3—2021

品牌评价　产品

Evaluation of brand：Product

2023-02-15 发布　　　　　　　　　　　　2023-02-21 实施

陕西省企业品牌建设促进会　发布

前 言

本标准是对 T/SPCH 2.3—2021《品牌评价 产品》的修订。

本标准与 T/SPCH 2.3—2021 的主要技术差异：

——本标准的结构、技术要素及表述规则按照 GB/T 1.1—2020《标准化工作导则 第 1 部分：标准化文件的结构和起草规则》的规定进行修改。

——对规范性引用文件(2)进行了增加。

——对生产过程控制指标(6.1.4.3)进行了修改。

——对加分项指标(6.3)进行了增加。

——对否决项指标(6.4)进行了修订和增加。

本标准自实施之日起，代替 T/SPCH 2.3—2021《品牌评价 产品》。

本标准由陕西省企业品牌建设促进会提出并归口。

本标准起草单位：陕西省企业品牌建设促进会、陕西省质量管理和质量保证标准化技术委员会、西安市企业品牌建设协会、西安市品牌建设标准化技术委员会、陕西省质量品牌与标准化研究院、陕西钢铁集团有限公司、宝钛集团有限公司、陕西黄金集团股份有限公司、陕西方园品牌标准化管理有限公司、西安中标品牌策划推广中心、西安华易亿嘉大健康科技有限公司、陕西国政育康管理集团有限公司、陕西蔚蓝节能环境科技集团有限责任公司。

本标准主要起草人：张全瑜、关养利、杨广银、叶毅、王兴福、陶学力、杨文谭、刘小航、马小平、赵凌、杨利民、刘永智、姜明、蔡培祖、沈雷、张兴发、李秦康。

品牌评价 产品

1 范围

本文件规定了品牌产品评价的术语和定义、基本要求、指标体系、指标设置。

本文件适用于开展品牌产品评价和管理工作。

2 规范性引用文件

下列文件中的内容通过文中的规范性引用而构成本文件必不可少的条款。其中,注日期的引用文件,仅所注日期的版本适用于本文件;不注日期的引用文件,其最新版本(包括所有的修改单)适用于本文件。

GB/T 29187—2012 品牌价值 术语

T/SPCH 2.1—2021 品牌评价 通则

3 术语和定义

GB/T 29187—2012 界定的以及下列术语和定义适用于本文件。

3.1 品牌产品 brand product

通过一定品牌评价程序,达到相关评价指标要求的工业产品、农副产品、艺术工艺品、文学作品、文化产品、保健产品、饮食品等。

4 基本要求

4.1 开展品牌产品评价工作时,应按照 T/SPCH 2.1—2021 中规定的基本原则、总体要求、整体程序和评价方法进行。

4.2 在构建评价指标体系、获取评价数据、计算评价结果、出具评价报告时应符合 T/SPCH 2.1—2021 的规定。

4.3 实施评价的人员应具备 T/SPCH 2.1—2021 中确定的能力要求。

5 指标体系

5.1 体系构成

品牌产品评价指标体系分为产品和服务两类评价指标体系,其中产品类评价指标体系由遵守法律法规、领导经营战略和企业文化、资源提供与管理、过程控制、经营结果五个方面构成,服务类评价指标体系由专家认可度、顾客满意度、公众美誉度三个方面构成。

5.2 要素组成

品牌产品评价指标体系核心要素见下图。

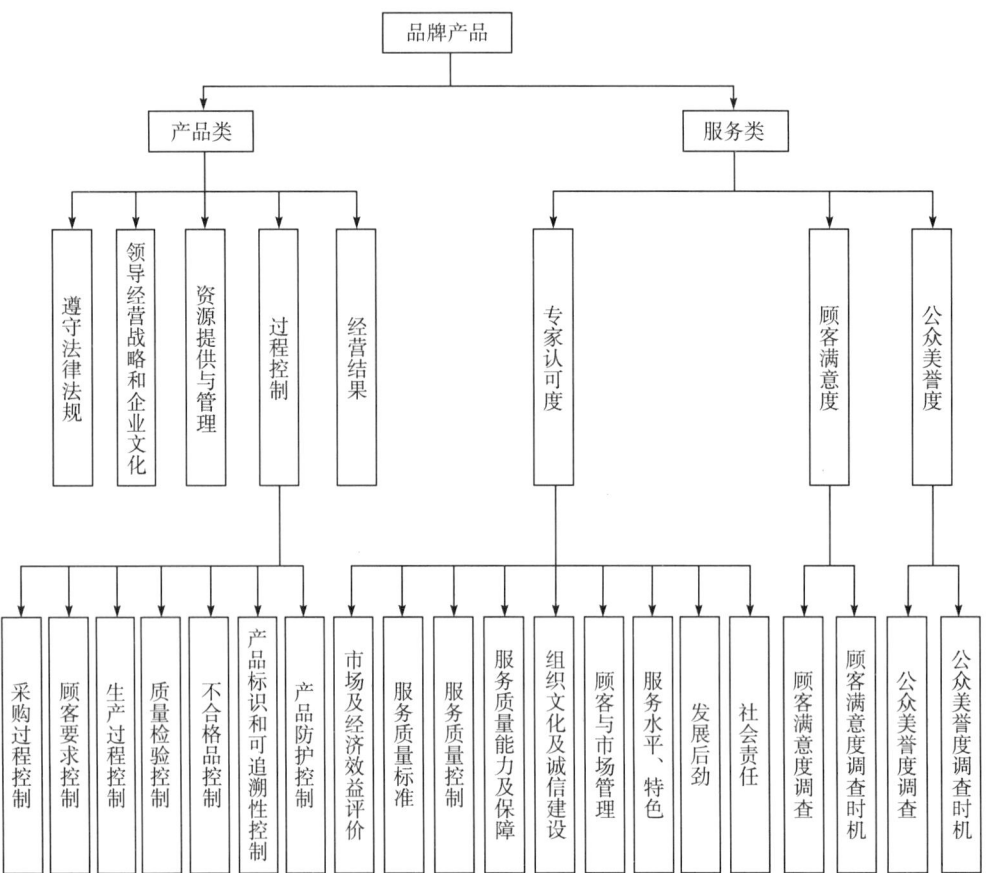

6 指标设置

6.1 产品类

6.1.1 遵守法律法规(分值100分)

——申报产品的环境指标符合国家有关规定要求。

——申报产品近三年内质量监督检查(国家、行业、地区)结果应全部合格。

——申报产品应符合国家其他法律法规的要求。

6.1.2 领导经营战略和企业文化(分值100分)

——组织领导应关注顾客及其他相关方的需求和期望,制定组织发展目标和战略规划。

——组织领导应在生产经营活动中注重品牌引领高质量发展,培育并形成具有本组织特色的企业文化。

——组织的管理层特别是最高管理者,应亲自参加本组织的重大质量活动。

6.1.3 资源提供与管理(分值300分)

——组织应有效地开展品牌、质量管理、标准化、计量等方面基础知识和工艺技术培训。

——组织的基础设施满足产品生产、储存要求,生产场地应布局合理,厂容厂貌应整洁有序。

——组织具有满足生产需要的生产设备和工装器具,并且维护完好。(委托加工贴牌销售的至少提供一个以上委托加工企业名录及加工合同。)

——申报的产品应确保符合生产许可证要求,满足产品认证要求,符合销售地区的管理要求;应确保符合安全卫生等强制性标准要求,无质量安全事故发生,在国家"双随机一公开"监督抽查中无不合格报告,无对组织及其产品感受的负面媒体报道。

——申报的产品应采用国际标准、国家标准、行业标准、地方标准或经备案、自我声明公开的企业标准。

——组织应积极引进或采用新技术、新工艺、新材料和新设备,提高自主创新能力。

——组织应配备产品实现过程和质量检验过程所需的监视测量设备,其性能、准确度和测量范围应符合规定要求。

——组织对全部监视和测量设备进行了有效控制,并在有效期内使用。

——组织应注重质量信息的收集、统计和分析,并依据分析结果提出改进措施并实施。

6.1.4 过程控制(分值300分)

6.1.4.1 采购过程控制(分值40分)

——组织应制定并提供采购产品的质量控制文件。

——组织应制定合格供方评价标准。对供方进行选择和评价,并在合格供方实施采购。

——组织应制定原材料采购标准和验收制度,并建立合格供方业绩档案。

——组织的产品或零配件如为委托加工或贴牌销售,应制定相应质量控制文件。

6.1.4.2 顾客要求控制(分值40分)

——组织应制定识别、评审本单位产品满足顾客要求的规定。

——在向顾客提供产品之前(签订合同之前),组织应对自身实现顾客要求的能力进行评审。

6.1.4.3 生产过程控制(分值50分)

——工业产品应制定工艺技术管理制度,建立健全相应的考核办法并实施考核。农产品应制定种植、养殖管理规范及建立健全相应的检查监督办法并组织实施。

——组织应确定申报产品生产过程中确保质量安全的关键环节,并制定相应控制措施。

——组织应制定生产操作规程并实施。

——组织应按规定对相关生产环节进行记录,并建立生产档案。

——组织应根据要求制定生产操作规程(作业指导书或工艺流程卡),严格执行操作规程和关键工序质量控制规定,按规定进行监控并记录。

6.1.4.4 质量检验控制(分值50分)

——组织应有独立的质量检验机构和专职检验人员。

——组织应建立产品质量检验管理制度,并对进货产品、过程产品和成品的检验工作做出安排。

——组织的成品检验频次、项目、记录和出具的质量证明符合规定的要求。

——如有委托检验,必须委托有资质的检验机构并且检验频次和项目应符合被检产品标准的规定。应查看检查委托检验机构的资质证明和委托检验协议。

6.1.4.5 不合格品控制(分值40分)

——组织应制定不合格品控制规定。

——组织应建立不合格品管理制度,并保存不合格品评审、处置和复检的相应记录。

6.1.4.6 产品标识和可追溯性控制(分值40分)

——组织应对产品质量实施监控,制定产品、检验状态和可追溯性标识管理规定。

——申报产品标签、合格证及相应记录是否可实现追溯。

6.1.4.7 产品防护控制(分值40分)

——组织应制定有关产品防护的规定。

——产品预防的实际情况。

——学习、采用先进的质量管理方法,开展群众性的质量管理活动情况。

6.1.5 经营结果(分值200分)

——申报产品的市场地位和份额在近三年内发展趋势良好。

——申报组织有较好的经济效益。

——申报产品有出口创汇或替代进口。

——申报组织应诚信纳税。

——申报产品具有自己的显著特色,具有自主知识产权或高新技术含量。

——申报产品顾客满意度测评结果。

——支持社会公益事业和福利活动,促进社区经济发展,获得社会和公众的好评情况。

6.2 服务类

6.2.1 专家认可度(分值500分)

6.2.1.1 市场及经济效益评价(分值80分)

——年营业(收入)额度30分,三年趋势较平稳和趋势上升加分,下降少得分或减分。

——年接待/服务量20分,三年趋势较平稳和趋势上升加分,下降少得分或减分。

——税收10分,按照不同纳税额度给分,三年中纳税额度平稳或趋势上升加分,下降少得分或减分。

——利润10分,按照不同利润额度给分,三年中利润额度平稳或趋势上升加分,下降少得分或减分。

——注册商标及老字号10分,注册商标受理、获得注册情况,老字号使用年限情况。

6.2.1.2 服务质量标准(分值80分)

服务标准/规范、制度制定;依据产品不同可包括,如应执行地与本行业有关的安全、环保等国际、国家、地方的基础性、通用性标准,有形和(或)无形产品标准、工艺或操作流程、规范等技术文件及工作标准、管理标准、人员行为规范及相关管理制度等;主导或参与国际、国家、行业、地方标准制定。

6.2.1.3 服务质量控制(分值70分)

部门、人员岗位职责建立情况,物品采购、服务提供过程的标准/规范、工艺的执行情况,人员的行为规范、管理标准(规范)、制度的执行情况。

6.2.1.4 服务质量能力及保障(分值70分)

硬件和(或)软件(如固定营业/办公场所建筑物的面积及用电、用水、用气、通风、环保、人员流动、降温、取暖等配套设施),用于提供产品和(或)服务的基本设施设备的数量、功能、性能、状态,提供服务的卫生、安全、环境情况,员工数量、结构、文化程度、职业资格、服务态度、服务水平及培训、考核情况。

6.2.1.5 组织文化及诚信建设(分值50分)

文化建设:价值观、理念、精神、愿景、形象等建设、贯彻情况。诚信建设:对顾客承诺及执行情况,文化载体及信息化建设情况。

6.2.1.6 顾客与市场管理(分值80分)

机构与人员情况,顾客管理投入及制度建设、满意度测量、持续改进情况及效果,顾客投诉管理规定的制定、执行情况及效果;市场、价格、顾客群定位情况。

6.2.1.7 服务水平、特色(分值35分)

服务质量指标设置情况,服务能力、服务结果、服务方式、服务种类满足服务标准(规范)特性、顾客要求的程度,质量管理方法、工具使用情况,服务特色在经营管理中的体现。

6.2.1.8 发展后劲(分值15分)

发展规划思考与制定、执行情况,科研计划、服务创新情况及成果。

6.2.1.9 社会责任(分值20分)

遵守法律法规,节能、环保,顾客、员工安全,员工福利待遇,安排就业岗位和社区服务、社会援助情况。

6.2.2 顾客满意度(分值300分)

6.2.2.1 顾客满意度调查

由第三方对一定数量的主要顾客群进行调查。常用的调查方法有:电话、面访、邮寄和在线。

6.2.2.2 顾客满意度调查时机

评价新申报服务、餐饮业知名品牌一般应在现场审查结束后进行;评价已获得服务、餐饮业知名品牌一般应选择在有效期内的任何时机。

6.2.3 公众美誉度(分值 200 分)

6.2.3.1 公众美誉度调查

选择本地上线率较高的网站或微信平台等,面向公众对申报或已获得服务、餐饮业知名品牌单位的信任、好感、接纳和欢迎程度进行调查。

6.2.3.2 公众美誉度调查时机

同 6.2.2.2。

6.3 加分项

加分项目:

——产品或服务通过(获得)各级认证(不含强制性认证)或注册(检测)。

——获得国家标准创新贡献奖,获得地方标准创新贡献奖。

——获得绿色食品或有机食品认证及地理标志产品。

——科技创新实现国内突破,实现国际突破,破解"卡脖子"难题的技术,实现产业化。

6.4 否决项

6.4.1 产品的顾客满意度、品牌知名度和品牌忠诚度调查测评较差的,不得评为品牌产品。

6.4.2 组织连续三年未开展社会公益活动,不得评为品牌产品。

ICS 01.120
CCS A 00

T/SPCH

陕西省企业品牌建设促进会团体标准

T/SPCH 2.4—2021

品牌评价　标志

Evaluation of brand：Logo

2021－09－16 发布　　　　　　　　　　　　2021－09－23 实施

陕西省企业品牌建设促进会　发布

前 言

本文件按照 GB/T 1.1—2020《标准化工作导则　第 1 部分：标准化文件的结构和起草规则》的规定起草。

本文件由陕西省企业品牌建设促进会提出并归口。

本文件起草单位：陕西省企业品牌建设促进会、陕西省质量品牌与标准化研究院、西安市企业品牌建设协会、西安市质量与标准化研究院、陕西方园品牌标准化管理有限公司、西安市兴邦扶贫公益慈善基金会、西安市社会组织品牌规范化建设服务中心、东岭集团股份有限公司、陕西钢铁集团有限公司、陕西法士特集团有限公司、陕西华清宫文化旅游有限公司、陕西咸阳505医药保健总公司、陕西省宝鸡市民营企业协会、陕西省安康市青年创业协会、陕西省榆林市品牌建设联合会、西安旭讯人力资源有限公司、西安华易亿嘉大健康科技有限公司、陕西金箔书业集团、汇诚知识产权有限公司。

本文件主要起草人：王迁、关养利、杨广银、白晓莉、张全瑜、马小平、刘永智、沈雷、黄小燕。

本文件首次发布。

品牌评价　标志

1　范围

本文件规定了品牌标志评价的术语和定义、基本要求、指标体系、指标设置。

本文件适用于开展品牌标志评价和管理工作。

2　规范性引用文件

下列文件中的内容通过文中的规范性引用而构成本文件必不可少的条款。其中,注日期的引用文件,仅所注日期的版本适用于本文件;不注日期的引用文件,其最新版本(包括所有的修改单)适用于本文件。

T/SPCH 2.1—2021　品牌评价　通则

3　术语和定义

GB/T 29187—2012 界定的以及下列术语和定义适用于本文件。

品牌标志 brand logo

通过一定品牌评价程序,达到相关评价指标要求的商标、专利以及具有广泛影响、具有社会历史价值或经济效益的符号标志等。

4　基本要求

4.1　开展品牌标志评价工作时,应按照 T/SPCH 2.1—2021 中规定的基本原则、总体要求、整体程序和评价方法进行。

4.2　在构建评价指标体系、获取评价数据、计算评价结果、出具评价报告时应符合 T/SPCH 2.1—2021 的规定。

4.3　实施评价的人员应具备 T/SPCH 2.1—2021 中确定的能力要求。

5　指标体系

品牌标志评价指标体系核心要素见下图。

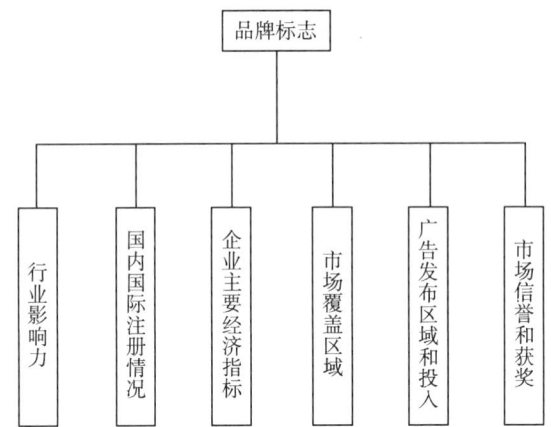

6 指标设置

6.1 基本条件

——标志(商标)所有人为依法设立的法人、经济组织、个体工商户,住址在陕西省内;

——标志(商标)国内有效注册满三年或实际使用三年以上,标志(商标、专利等)权属无争议;

——使用该标志(商标)的商品必须按照国家规定的技术质量标准和法定的许可条件生产经营,在全省同类商品中质量优良、稳定,具有较高的知名度、美誉度、影响力;

——使用该标志(商标)商品近三年的产量、销售额、利税、市场占有率等主要经济指标在全省同行业中名列前茅,具有较强的市场竞争力;

——使用该标志(商标)的相关商品有完善的质量管理制度,无被相关监管部门查处或被消费者协会曝光的记录;

——该标志(商标)及使用该标志(商标)商品的广告宣传投入较大,覆盖地域广为相关公众所熟知;

——标志(商标)所有人有较强的商标意识,有健全的商标使用、管理和保护机构、人员、制度,标志(商标)使用、管理规范,无侵犯他人标志(商标)用权的行为。

申报组织需提供以上各项内容的证明材料。

6.2 评分原则

由陕西品牌评价专业委员会组织该领域相关专家综合测评,全过程接受陕西省品牌评价监督委员会的监督。

6.3 加分项

——获中国驰名商标认定或有商标标志被他人侵权案件发生可直接评价为品牌标志;(提供相关文件、材料或证书)

——有第三方机构出具的顾客满意度测评报告和企业质量信用等级证实性材料的分别加5分。(提供相关文件或证书)

6.4 否决项

未按规定延展的商标或被无效宣告、被撤销连续三年等存有争议的商标。

附录 A
（规范性附录）
陕西品牌标志申报书

陕西品牌标志申报书

企业名称（盖章）：_____

申报品牌标志名称：_____ 、_____ 、_____ 、_____

企业统一社会信用代码：_____

申报类别：□新申请□复审（首次获证时间_____年度）

企业注册所在地：_____

具体生产活动所在地：_____

填报时间：　　年　　月　　日

陕西省企业品牌建设促进会　　制

企业综述

（介绍企业基本情况,近几年生产经营、开拓国际国内市场、品牌建设、技术创新、产品质量、人才队伍建设等情况,限3 000字以内）

品牌标志认定申请表 1

申请人名称		上级主管部门	
申请认定商标		国际分类	
注册证号		注册日期	
法定代表人		联系人	
邮政编码		联系电话	
企业性质或组织形式			
地址			
该商标国内注册情况	核定使用主要商品(服务)		
	实际使用主要商品(服务)		
	其他类别注册件数		
该商标国外注册情况	商标注册件数		
	注册国家(地区)		
该商标使用情况简介		注册商标图样	

品牌标志认定申请表2

企业主要经济指标情况	近三年企业经济情况	单位	(　)年	(　)年	(　)年
	总产值	万元			
	销售总额	万元			
	出口汇额	万元			
	利税总额	万元			
使用该商标商品(服务)市场信誉与获奖情况	产值	万元			
	出口创汇额	万美元			
	利税总额	万元			
		在省内同行业排名			
	销售额	万元			
		在省内同行业排名			
	市场占有率	省(国)内(%)			
		在省(国)内同行业排名			
	商品(服务)销售区域名称				
企业商标宣传情况	近三年广告发布情况	(　)年	(　)年	(　)年	
	广告费(万元)				
	国家级传媒名称				
	广告投入区域 (省级行政区域名称)				

品牌标志认定综合测评表

申请认定商标				企业名称						
注册时间				其他注册类别				别类注册件数		
单位性质				历届认定情况				国外注册件数		
市场覆盖区域	陕西 北京 上海 天津 河北 山西 辽宁 吉林 浙江 安徽 福建 陕西 海南 湖北 湖南 广东 广西 河南 四川 贵州 云南 江苏 甘肃 青海 宁夏 新疆 西藏 内蒙古 黑龙江 重庆 江西									合计
广告发布区域及投入费用	陕西 北京 上海 天津 河北 山西 辽宁 吉林 浙江 安徽 福建 陕西 海南 湖北 湖南 广东 广西 河南 四川 贵州 云南 江苏 甘肃 青海 宁夏 新疆 西藏 内蒙古 黑龙江 重庆 江西 香港									合计
	广告投入(万元)			( )年		( )年		( )年		合计
主要经济指标	销售额(万元)				利税额(万元)			市场占有率		
	( )年	( )年	( )年	( )年	( )年	( )年	( )年	( )年		
行业排名	销售额	利税	市场占有率		创汇额	产量		产值	证明单位	
走访单位名称及其意见										
							(盖章) 年 月 日			

品牌标志申请认定资格审查表

申请认定商标		注册证号		商品（服务）类别	
企业名称					
使用商品（服务）					
是否为省内依法设立的企业			注册商标是否在有效期内		
申请人与注册人名义是否一致					
注册时间是否符合申报要求			申报时间是否符合认定规定		
申请商品（服务）的商标文字及图样与注册商标文字及图样是否一致					
申请商品（服务）与核定使用商品（服务）是否一致			其他		
企业地址与注册证上的地址是否一致					

注：表内选项打"√"或"×"。

部门和社会团体意见

企业对申报材料真实性的申明：	地市品建中心或其他社会组织推荐意见：
（盖章） 　年　　月　　日	（盖章） 　年　　月　　日
陕西品牌评价专业委员会评审意见：	省品促会意见：
（签字） 　年　　月　　日	（盖章） 　年　　月　　日

ICS 01.120
CCS A 00

T/SPCH

陕西省企业品牌建设促进会团体标准

T/SPCH 005—2023
代替 T/SPCH 2.5—2021

品牌评价 人物

Evaluation of brand：Character

2023-02-15 发布　　　　　　　　　　2023-02-21 实施

陕西省企业品牌建设促进会　发布

前　言

本标准是对 T/SPCH 2.5—2021《品牌评价　人物》的修订。
本标准与 T/SPCH 2.5—2021 的主要技术差异：
——本标准的结构、技术要素及表述规则按照 GB/T 1.1—2020《标准化工作导则　第 1 部分：标准化文件的结构和起草规则》的规定进行修改。
——对基础条件指标(6.1)进行了增加。
——对其他条件指标(6.2)进行了增加和修订。
——对加分项指标(7.2)进行了增加。

本标准自实施之日起，代替 T/SPCH 2.5—2021《品牌评价　人物》。
本标准由陕西省企业品牌建设促进会提出并归口。
本标准起草单位：陕西省企业品牌建设促进会、陕西省质量管理和质量保证标准化技术委员会、西安市企业品牌建设协会、西安市品牌建设标准化技术委员会、陕西省质量品牌与标准化研究院、陕西钢铁集团有限公司、宝钛集团有限公司、陕西黄金集团股份有限公司、陕西方园品牌标准化管理有限公司、西安中标品牌策划推广中心、西安华易亿嘉大健康科技有限公司、陕西国政育康管理集团有限公司、陕西蔚蓝节能环境科技集团有限责任公司。
本标准主要起草人：张全瑜、关养利、杨广银、叶毅、王兴福、陶学力、杨文谭、刘小航、马小平、赵凌、杨利民、刘永智、姜明、蔡培祖、沈雷、张兴发、李秦康。

品牌评价 人物

1 范围

本文件规定了品牌人物评价的术语和定义、基本要求、指标体系、指标设置。

本文件适用于开展品牌人物评价和管理工作。

2 规范性引用文件

下列文件中的内容通过文中的规范性引用而构成本文件必不可少的条款。其中，注日期的引用文件，仅所注日期的版本适用于本文件；不注日期的引用文件，其最新版本（包括所有的修改单）适用于本文件。

T/SPCH 2.1—2021 品牌评价 通则

3 术语和定义

GB/T 29187—2012 界定的以及下列术语和定义适用于本文件。

品牌人物 brand character

通过一定品牌评价程序，达到相关评价指标要求的企业家、社会组织负责人，也包括相关领域的知名学者、作者、艺术家等。

4 基本要求

4.1 开展品牌人物评价工作时，应按照 T/SPCH 2.1—2021 中规定的基本原则、总体要求、整体程序和评价方法进行。

4.2 在构建评价指标体系、获取评价数据、计算评价结果、出具评价报告时应符合 T/SPCH 2.1—2021 的规定。

4.3 实施评价的人员应具备 T/SPCH 2.1—2021 中确定的能力要求。

5 指标体系

品牌人物评价指标体系核心要素见下图。

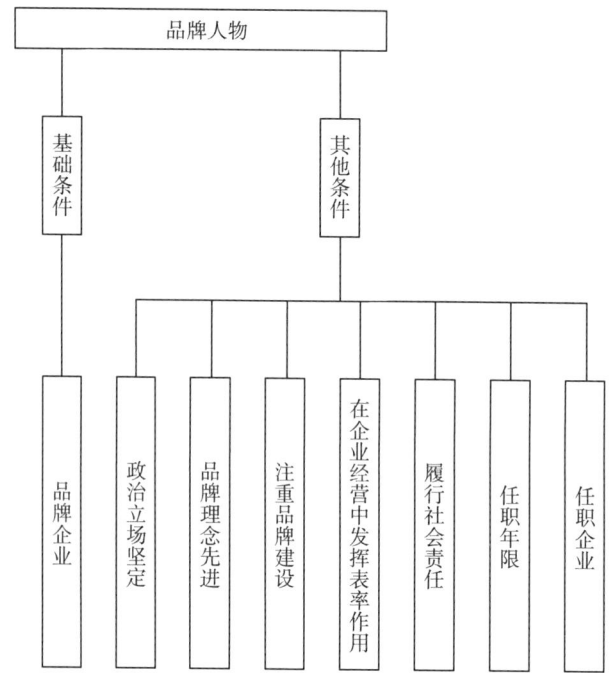

6 指标设置

6.1 基础条件

申报人物应是组织中具有代表品牌形象的在职在编人员或对组织品牌有重要作用的管理者。

6.2 其他条件

品牌人物应满足如下要求：

——政治立场坚定。拥护中国共产党的领导,做到"两个维护",爱党爱国,产业报国,对国家、民族怀有崇高使命感和强烈责任感。

——品牌理念先进。牢固树立创新、协调、绿色、开放、共享发展理念,建立完善现代企业制度,勇于推动生产组织创新、技术创新、市场创新,努力成为新时代构建新发展格局、建设现代化经济体系、推动高质量发展的生力军,带领企业在更高水平的对外开放中实现更好发展,促进国内国际双循环。

——注重品牌建设。能够进行品牌战略培育的长远规划,并使之与企业环境相适应,与企业总体战略方向相一致。重视品牌建设相关部门的职责和权限得到分配、沟通和理解,企业(或者主要产品)品牌影响力较大。

——在企业经营中发挥表率作用。近三年内企业未出现亏损(高层管理人员),无较大安全、质量、环境污染、公共卫生等事故,无违法违规和弄虚作假行为。

——履行社会责任。积极履行社会责任,积极投身社会公益事业,真诚回报社会,依法维护职工合法权益,构建和谐劳动关系,在企业群众威信高、口碑好,在业界具有知名度、影响力。

——任职年限。担任企业主要负责人满三年以上;首席品牌官经培训取得资格证书,负责品牌工作满三年以上。

——任职企业。申报著名人物从强势品牌企业中产生,知名人物从知名品牌企业中产生,优秀品牌人物从优秀品牌企业中产生。

7 评分标准

7.1 基础分值

分值为 1 000 分,其中"品牌企业(或者企业的产品为品牌产品)、品牌社会组织"条件评价分值占 70%,"其他条件"分值占 30%。

7.2 加分项

加分项主要评价指标为:

——任职年限;

——申报人物候选人曾获得县级表彰奖励的、地(市)级表彰奖励的、(部)级表彰奖励的、国家级表彰奖励的,不重复加分,以最高奖项为准;

——申报人物候选人曾担任党代表、人大代表或政协委员的;

——申报人物候选人获得劳模称号的。

7.3 否决项

对近三年涉及不良信用记录、资源浪费、环境污染、造假欺骗或有其他违反法律、法规等行为的申报人物实行"一票否决"。

ICS 01.120
CCS A 00

T/SPCH

陕西省企业品牌建设促进会团体标准

T/SPCH 2.6—2021

品牌评价　社会组织

Evaluation of brand：Social organization

2021－09－18 发布　　　　　　　　　　　2021－09－25 实施

陕西省企业品牌建设促进会　发布

前 言

本文件按照 GB/T 1.1—2020《标准化工作导则 第 1 部分:标准化文件的结构和起草规则》的规定起草。

本文件由陕西省企业品牌建设促进会提出并归口。

本文件起草单位:西安市社会组织品牌规范化建设服务中心、陕西省企业品牌建设促进会、陕西省质量品牌与标准化研究院、西安市企业品牌建设协会、西安市质量与标准化研究院、陕西方园品牌标准化管理有限公司、西安市兴邦扶贫公益慈善基金会、东岭集团股份有限公司、陕西钢铁集团有限公司、陕西法士特集团有限公司、陕西华清宫文化旅游有限公司、陕西咸阳505医药保健总公司、西安市企业及企业家联合会、陕西省宝鸡市民营企业协会、陕西省安康市青年创业协会、陕西省榆林市品牌建设联合会、西安旭讯人力资源有限公司、西安华易亿嘉大健康科技有限公司、陕西金箔书业集团。

本文件主要起草人:王迁、关养利、许孝军、薛海军、刘阿津、张新明、郭林祥、曹立宏、杨广银、刘永智、马小平、张全瑜、沈雷。

本文件首次发布。

品牌评价　社会组织

1　范围

本文件规定了品牌社会组织评价的术语和定义、基本要求、指标体系、指标设置。本文件适用于开展品牌社会组织评价和管理工作。

2　规范性引用文件

下列文件中的内容通过文中的规范性引用而构成本文件必不可少的条款。其中，注日期的引用文件，仅所注日期的版本适用于本文件；不注日期的引用文件，其最新版本（包括所有的修改单）适用于本文件。

T/SPCH 2.1—2021　品牌评价　通则

3　术语和定义

GB/T 29187—2012 和 T/SPCH 2.1—2021 界定的以及下列术语和定义适用于本文件。

品牌社会组织 brand social organization

通过一定品牌评价程序，达到相关评价指标要求的社会团体、民办非企业单位、公益性基金会等社会组织；

4　基本要求

4.1　开展品牌社会组织评价工作时，应按照 T/SPCH 2.1—2021 中规定的基本原则、总体要求、整体程序进行。

4.2　在构建评价指标体系、获取评价数据、计算评价结果、出具评价报告时应符合 T/SPCH 2.1—2021 的规定。

4.3　实施评价的人员应具备 T/SPCH 2.1—2021 中确定的能力要求。

5　基本条件

——应在陕西省行政区域内注册，具有独立法人资格；

——应在民政部门核准许可的范围内开展业务活动；

——近3年应年检合格且等级评估4A等级(含4A)以上,在行业内具有较强影响力；

——近3年内应无重大安全、环境、质量事故和不良信用记录；

——近3年内应没有违法记录。

6 评价内容

6.1 品牌基础

6.1.1 法人资格

法人资格主要包括：

——法定代表人情况；

——活动资金情况；

——社会组织名称情况；

——办公条件；

——年度检查。

6.1.2 党建引领

党建引领主要包括：

——党组织建立情况；

——党组织活动与工作情况；

——党组织与党员受表彰情况。

6.1.3 人才支撑

人才支撑主要包括：

——负责人情况；

——专职人员配置数；

——学历情况；

——职称情况；

——领军人物情况。

6.1.4 财务资产

财务资产主要包括：

——会计人员和机构情况；

——会计核算情况；

——财务管理情况。

6.2 品牌管理

6.2.1 品牌战略

品牌战略主要包括：

——使命愿景；

——品牌规划情况；

——品牌机构情况；

——品牌标识情况；

——品牌持续投入情况。

6.2.2 品牌项目

品牌项目主要包括：

——项目总数；

——项目关联性；

——项目创新性；

——项目持续性；

——社会效应。

6.2.3 品牌传播

品牌传播主要包括：

——网站；

——报纸杂志；

——其他新媒体宣传平台。

6.2.4 诚信建设

诚信建设主要包括：

——遵纪守法情况；

——信息公开情况；

——执行财经纪律情况；

——接受监管情况；

——接受领导情况。

6.3 品牌价值

6.3.1 工作绩效

工作绩效主要包括：

——服务会员情况；

——服务政府情况；

——服务社会情况；

——反应诉求情况；

——规范行为情况。

6.3.2 行业影响力

行业影响力主要包括：

——行业覆盖率；

——国际国内影响力；

——科技创新情况。

6.3.3 社会认可

社会认可主要包括：

——社会认知度情况；

——媒体报道情况。

6.4 品牌文化

6.4.1 文化活动

文化活动主要包括：

——活动规模；

——活动数量。

6.4.2 文化成果

文化成果主要包括：

——注册商标；

——音视频作品；

——文化活动获奖情况。

7 评价方法

7.1 评价指标体系

采用定量分析与定性判断相结合的方法评价品牌社会组织。评价指标体系包括4项一级评价指标、13项二级评价指标、49项三级评价指标。

7.2 赋分

品牌社会组织评价满分1 000分，各项一级评价指标分值分别为：品牌基础300分、品牌管理250分、品牌价值350分、品牌文化100分，另有2项附加指标，附加分40分。评价计分细则按照附录B执行。

7.3 加分项

加分项主要评价指标为：

——社会组织成立年限。社会组织年龄3年以上(含3年)作为评定的最低年限条件，年龄每满1年加1分，加分最高不超过20分。

——社会组织等级评估年限。社会组织等级评估4A等级以上(含4A)作为评定的最低等级条件，4A等级3年以上(含3年)，每满1年加1分，加分最高不超过20分。

7.4 否决项

"一票否决"主要包括：

——近3年社会组织涉及不良信用记录、资源浪费、环境污染、造假欺骗或有其他违反法律、法规等行为。

——近3年社会组织年检结论有基本合格或不合格。

8 评价结果

按品牌评价综合得分分为以下2个级别：800~899分评为优秀品牌，900分以上评为知名品牌。

附录 A
（规范性附录）
社会组织品牌评价评分方法

本文件依据民政部《社会组织评价管理办法》中关于社会组织的等级评定标准，参照《品牌评价　通则》T/SPCH 2.1—2021 中规定的品牌评价评分要求，按照表 A.1 的评分要求对表 A.2 各项评价指标的实施程度逐项评判打分，进行品牌社会组织评价。

表 A.1　品牌评价指标评分要求

分值比例	评分要点
80%~100%	·在该评分项要求中大多数方面达到优良水平； ·在该评分项要求中大多数趋势显示了优秀和领先的水平； ·在该评分项要求中能够获得充分相关数据，或对比性信息
60%~80%	·在该评分项要求中大多数方面显示了良好水平； ·在该评分项要求中大多数趋势显示了良好水平； ·在该评分项要求中获得较多相关数据，或对比性信息
40%~60%	·在该评分项要求中多数方面显示了一般水平； ·在该评分项要求中有部分显示趋势的数据，或处于一般水平； ·在该评分项要求中获得相关数据信息，或对比性信息
20%~40%	·在该评分项要求中水平较低，或有少量的描述结果，或结果较差； ·在该评分项要求中有少量显示趋势的数据，或处于较低的水平； ·在该评分项要求中有少量的相关数据信息，或对比性信息
0~20%	·在该评分项要求中水平很差，或没有描述结果，或结果很差； ·在该评分项要求中没有或有极少量显示趋势的数据，或显示了总体不良的趋势； ·在该评分项要求中没有或有极少量的相关数据信息，或对比性信息

表 A.2 评价指标分值及评价标准

一级指标	二级指标	三级指标	评价标准	得分
6.1 品牌基础 300分	6.1.1 法人资格 100分	法定代表人 30分	会员(代表)大会2/3以上会员(或会员代表)出席,出席会员(或会员代表)半数以上通过或理事会2/3以上理事出席,2/3以上出席理事表决通过,且法定代表人未兼任其他社会团体法定代表人	
		活动资金 20分	开立独立银行账户且账户状态正常;上年末净资产不低于登记的注册资金数,且未发现存在抽逃注册资金行为	
		社会组织名称 15分	名称牌匾醒目,悬挂于办公场所	
		办公条件 15分	办公住所有效的产权证明,租房合同(一年期以上)等证明材料;办公电脑,打印机,传真机,复印机等办公设备能满足工作需要	
		年度检查 20分	连续三年年检合格	
	6.1.2 党建引领 50分	党组织建立 20分	独立或联合建立党组织	
		党组织活动与工作 20分	党组织活动丰富,工作材料齐全	
		党组织与党员受表彰 10分	党组织和党员受到县(区)级以上(含)党组织表彰	

(续表)

一级指标	二级指标	三级指标	评价标准	得分
6.1 品牌基础 300分	6.1.3 人才支撑 80分	负责人 20分	负责人（包括会长、副会长和秘书长等）按规定程序选举产生，履行职责良好	
		专职人员配置数 20分	专职人员配置数（5人以下，5至10人，10人以上）	
		学历 20分	专职人员中本科及以上学历的比例（60%以下，60%~90%，90%~100%）	
		职称 10分	专职人员中级及以上职称的比例（20%以下，20%~50%，50%以上）	
		领军人物 10分	"两代表一委员"，省级以上五一劳动奖章获得者，三八红旗手	
	6.1.4 财务资产 70分	会计人员和机构 20分	会计人员配备符合规定，上两个年度及本年度发生会计人员变动的，交接手续齐全	
		会计核算 20分	严格执行《民间非营利组织会计制度》，会计核算实行电算化，会计档案管理正规	
		财务管理 30分	财务管理制度健全，严格，会费标准制定和收取管理、税务及票据管理、财务报告和监督规范	
6.2 品牌管理 250分	6.2.1 品牌战略 100分	使命愿景 20分	制定品牌建设规划和目标完成度	
		品牌规划 20分	品牌规划纳入社会组织发展规划	
		品牌机构 20分	设立品牌管理机构及专职人员	

(续表)

一级指标	二级指标	三级指标	评价标准	得分
6.2 品牌管理 250分	6.2.1 品牌战略 100分	品牌标识 20分	设计品牌标识系统	
		品牌持续投入 20分	社会组织为品牌发展活动做出的持续投资,包括品牌推广投入与时代发展趋势吻合度	
	6.2.2 品牌项目 60分	项目总数 20分	近3年项目总数(3个以上,3个以下)	
		项目关联性 10分	项目契合本社会组织的宗旨	
		项目创新性 10分	理念、方法具有创新性	
		项目持续性 10分	具有持续性	
		社会效应 10分	体现社会责任,公益性强	
	6.2.3 品牌传播 40分	网站 20分	有独立网站,及时更新目项目齐全,内容丰富	
		报纸杂志 10分	有刊号、公开发行的报纸杂志	
		其他新媒体 宣传平台 10分	有独立微博、微信等新媒体宣传平台,及时更新目内容丰富	

（续表）

一级指标	二级指标	三级指标	评价标准	得分
6.2 品牌管理 250分	6.2.4 诚信建设 50分	遵纪守法 10分	近3年社会组织遵纪守法，无受行政处罚和扰乱市场秩序、损害公平竞争的行为	
		信息公开 5分	建立了联络员制度，信息公开方式多样，公开范围能够覆盖社会组织的活动地域，能够满足信息公开的要求	
		执行财经纪律 20分	遵守财经纪律，无乱发津贴补贴领导或领导干部违规领取薪酬，违规报销费用、利用主管部门影响或行政资源不当牟利，侵占、挪用、私分社会组织资产或聘雇浪费社会资金，以及违规开展营利性活动或违法收费等行为	
		接受监管 10分	认真落实重大事项报告，评比达标表彰报批和举办研讨会、论坛报批等规定	
		接受领导 5分	积极完成登记管理机关及业务主管部门部署的工作任务	
6.3 品牌价值 350分	6.3.1 工作绩效 200分	服务会员 80分	服务行业、服务会员主动，交易会、展览会、研讨会两个以上类型形成品牌，相关业务培训或继续教育社会效应显著或达到一定规模，定期定向进行技术、经济、管理、法律、政策咨询中三项以上系统咨询或有专门机构，人员从事咨询工作并达到一定工作量	
		服务政府 30分	服务政府主动，积极参与制定相关法律法规，参与政府部门政策、团体标准制定，接受政府委托项目和购买服务	
		服务社会 30分	服务社会主动，在重大突发公共事件中发挥积极作用，倡导会员企业履行社会责任，利用行业优势服务社会公众	
		反应诉求 30分	积极反映会员、会员行业利益的诉求，代表本行业参与行业性集体谈判，向政府部门反映涉及会员和行业利益的事项，提出有关行业发展建设性意见	
		规范行为 30分	重视行业自律，配合有关部门打击假冒伪劣，维护消费者权益和行业整体利益，按规定经有关部门批准开展评比达标表彰活动，且评比达标表彰活动社会反响较好	

（续表）

一级指标	二级指标	三级指标	评价标准	得分
6.3 品牌价值 350分	6.3.2 行业影响力 100分	行业覆盖率 50分	会费收缴率80%以上或在本行业有一定的影响力	
		国际国内影响力 30分	参加国际组织、全国性社会组织，担任重要职务，发挥了重要作用；开展过国际合作项目	
		科技创新 20分	在行业内积极推动科技成果转化，服务创新驱动发展战略	
	6.3.3 社会认可 50分	社会认知度 30分	社会认知度50%以上（含）	
		媒体报道 20分	近三年在地市级以上媒体报道（广播、电视、报刊、政府门户网站）3次以上（不含转载）	
6.4 品牌文化 100分	6.4.1 文化活动 40分	活动规模 20分	举办的文化活动有一定规模，达到100人以上	
		活动数量 20分	每半年至少有1次文化活动	
	6.4.2 文化成果 60分	注册商标 20分	有注册商标	
		音视频作品 20分	组织为创作单位，创作具有自身历史文化特点的音频、视频作品	
		文化活动获奖 20分	以组织为参赛单位，获得地、市级以上（含）文化活动奖项	

附录 B
（规范性附录）
陕西品牌社会组织申报书

陕西品牌社会组织申报书

社会组织名称(盖章)：_____

社会组织统一社会信用代码：_____

申报类别：□新申请 □复审（首次获证时间_____年度）

社会组织注册所在地：_____

填报时间：　　年　　月　　日

西安市社会组织品牌规范化建设服务中心
陕西省企业品牌建设促进会　　制

社会组织综述

(介绍近三年社会组织基础条件、内部治理、工作绩效、社会评价等情况,重点突出品牌建设、亮点工作,限3 000字以内)

社会组织基本情况

社会组织名称			
详细地址			
成立时间		网址	
法定代表人姓名		会长姓名(或院长、校长、主任等负责人)	
秘书长姓名		工作人员数量	专职(　　) 兼职(　　)
党组织成立时间		党组织负责人姓名	
邮箱		邮政编码	
联系人		联系电话	
是否设立品牌专管机构	是□　否□	是否制定品牌规章制度	是□　否□
是否有专业品牌官	是□　否□	是否组织或参加过"中国品牌日"等大项活动	是□　否□
社会组织等级及评定时间		社会组织党组织星级及评定时间	
近三年社会组织年检情况			
近三年社会组织获奖情况及颁奖单位			
近三年社会组织违法违规情况			

部门和社会团体意见

社会组织对申报材料真实性的申明：	地市品建中心推荐意见：
（盖章） 年　月　日	（盖章） 年　月　日
陕西品牌评价专业委员会评审意见：	省品促会意见：
（签字） 年　月　日	（盖章） 年　月　日

ICS 01.120
CCS A 00

T/SPCH

陕西省企业品牌建设促进会团体标准

T/SPCH 3.1—2021

品牌评价 制造业

Evaluation of brand：Manufacturing

2021－09－16 发布　　　　　　　　　　　　　2021－09－23 实施

陕西省企业品牌建设促进会　发布

前 言

本文件按照 GB/T 1.1—2020《标准化工作导则　第 1 部分:标准化文件的结构和起草规则》的规定起草。

本文件由陕西省企业品牌建设促进会提出并归口。

本文件起草单位:陕西省企业品牌建设促进会、陕西省质量品牌与标准化研究院、西安市企业品牌建设协会、西安市质量与标准化研究院、陕西方园品牌标准化管理有限公司、西安市兴邦扶贫公益慈善基金会、西安市社会组织品牌规范化建设服务中心、东岭集团股份有限公司、陕西钢铁集团有限公司、陕西法士特集团有限公司、陕西华清宫文化旅游有限公司、陕西咸阳 505 医药保健总公司、陕西省宝鸡市民营企业协会、陕西省安康市青年创业协会、陕西省榆林市品牌建设联合会、西安旭讯人力资源有限公司、西安华易亿嘉大健康科技有限公司、陕西金箔书业集团。

本文件主要起草人:关养利、杨广银、张全瑜、刘永智、马小平、沈雷。

本文件为首次发布。

引 言

本标准根据当前最新品牌发展理论,参考 GB/T 29186.1—2021《品牌价值要素评价 第 1 部分:通则》、GB/T 29186.2—2021《品牌价值要素评价 第 2 部分:有形要素》、GB/T 29186.3—2021《品牌价值要素评价 第 3 部分:质量要素》、GB/T 29186.4—2021《品牌价值要素评价 第 4 部分:创新要素》、GB/T 29186.5—2021《品牌价值要素评价 第 5 部分:服务要素》、GB/T 29186.6—2021《品牌要素评价 第 6 部分:无形要素》,借鉴国内先进地方品牌评价标准,结合陕西省地域情况而研制的。

本标准的研制对企业品牌建设工作提供更为切实的指导,引导企业推进要素持续完善,提高品牌价值含金量和国际影响力,同时为专业机构等开展品牌评价工作提供依据。

品牌评价 制造业

1 范围

本文件规定了制造业企业的品牌评价的术语和定义、评价原则、基本条件、评价程序、评价报告、评价方法、评价结果。

本文件适用于制造业企业的品牌评价工作。

2 规范性引用文件

下列文件中的内容通过文中的规范性引用而构成本标准必不可少的条款。其中,注日期的引用文件,仅该日期对应的版本适用于本标准;不注日期的引用文件,其最新版本(包括所有的修改单)适用于本标准。

GB/T 36680—2018　品牌　分类

GB/T 4754—2017/XG1　国民经济行业分类

GB/T 15496　企业标准体系　要求

GB/T 15497　企业标准体系　产品实现

GB/T 15498　企业标准体系　基础保障

GB/T 19001/ISO 9001:2015　质量管理体系　要求

GB/T 19273　企业标准体系　评价与改进

GB/T 24001/ISO 14001:2015　环境管理体系　要求及使用指南

GB/T 45001/ISO 45001:2018　职业健康安全管理体系　要求及使用指南

GB/T 29185　品牌价值　术语

GB/T 31950　企业诚信管理体系

GB/T 35778　企业标准化工作　指南

GB/T 36000　社会责任指南

SA 8000　社会责任管理体系

3 术语和定义

GB/T 29185—2012 界定的以及下列术语和定义适用于本文件。

3.1 品牌 brand

与营销相关的无形资产,包括(但不限于)名称、用语、符号、形象、标识、设计或其组合,用于区分产品、服务和(或)实体,或兼而有之,能够在利益相关方意识中形成独特印象和联想,从而产生经济利益(价值)。

[来源:GB/T 29185—2012,2.1]

3.2 制造业企业 manufacturing enterprises

国民经济行业分类中明确的 13~43 大类,指从事经物理变化或化学变化后成为新的产品,不论是动力机械制造或手工制作,也不论产品是批发销售或零售,均视为制造业企业。

[来源:GB/T 4754—2017/XG1,5,有修改]

4 评价原则

4.1 自愿公平

凡符合本标准第 5 章条件的组织均具有自主申报的权利。

4.2 客观公正

评价人员进行评价时不应带任何形式的偏见,评价组织为主体进行资料审查和现场考核,不受任何组织或个人的干预。

4.3 公开透明

评价过程透明,包括评价数据的来源、所采用的评价方法、评价要素以及具体评价指标、评价人员及资质等,接受主管部门和社会监督。

4.4 科学规范

评价指标、评价内容科学制定,评价过程规范操作。评价结果应建立在充分的数据和分析基础上,以保证形成可靠的结论。

当评价对象在评价基准日内出现重大质量安全事故,不予评价。

5 基本条件

5.1 在法定部门依法注册登记,其品牌获得商标注册,具有独立法人资格的企业。

5.2 区域内具有一定影响力的核心企业。

5.3 申报组织在三年内无产品质量监督抽查不合格现象,无质量安全事件。

5.4 积极履行社会责任,无不良信用记录。

6 评价程序

评价主体开展评价时可遵循以下程序:

a) 明确评价目的,进行评价策划;

b) 确定评价对象界定被评价品牌的品牌主体和所属的行业时,见 GB/T 36680—2018;

c) 确定评价的具体要素,选取各要素下属的评价指标;

d) 确定评价指标的权重;

e) 制定评价数据和信息的采集方案并实施;

f) 对评价指标进行量化,计算评价结果;

g) 对评价结果的符合性进行检验和修正;

h) 出具评价报告。

7 评价报告

评价报告应明确陈述下列内容:

a) 评价人员的相关信息,如能力、立场和身份;

b) 评价策划;

c) 评价目的和对象;

d) 评价依据;

e) 评价的具体要素和评价指标;

f) 评价所采用的方法;

g) 评价基准日和评价报告日;

h) 评价数据和信息的来源;

i) 评价结果及描述;

j) 报告使用。

8 评价内容

8.1 品牌建设能力

品牌建设能力包括：

——品牌规划；

——品牌运营；

——品牌保障。

8.2 企业综合品质

综合品质包括：

——党建管理；

——企业品质；

——质量管理水平；

——实物质量水平；

——标准化水平；

——企业影响力。

8.3 顾客与市场

顾客与市场包括：

——服务能力；

——服务承诺；

——营销能力；

——顾客满意度。

8.4 诚信建设

诚信建设包括：

——诚信建设；

——风险管理。

8.5 可持续发展

可持续发展包括：

——创新与管理能力；

——知识产权创新；

——知识产权应用与保护；

——品牌拓展能力。

8.6 品牌文化

品牌文化包括：

——品牌理念与愿景；

——文化认同度；

——社会责任。

8.7 品牌影响力

品牌影响力包括：

——精神信念；

——品牌推广；

——品牌知名度；

——品牌美誉度；

——品牌忠诚度。

8.8 品牌效益

品牌效益包括：

——经济效益；

——社会效益；

——品牌溢价。

9 评价方法

9.1 评价指标体系

采用定量分析与定性判断相结合的方法评价制造业企业品牌。制造业企业品牌评价指标体系包括 8 项一级评价指标、30 项二级评价指标、96 项具体评价内容。

9.2 赋分

制造业区域品牌评价满分1 000分,各项一级评价指标分值分别为:品牌建设能力130分、企业综合品质140分、顾客与市场130分、诚信建设120分、可持续发展120分、品牌文化110分、品牌影响力130分、品牌效益120分。评价计分细则按照附录A执行。

9.3 加分项

被评价企业提供下列相关文件或证书,可获得加分。加分项主要评价指标为:

——企业连续年龄。企业年龄三年以上原则上作为评定的最低年限条件,企业年龄每满一年加1分。

——企业科技创新实现国内突破加20分,实现国际突破加30分,破解"卡脖子"难题的技术实现产业化的加40分。

——产品或服务通过(获得)各类认证(不含强制性认证)或注册(检测)的,每项加5分,最高不超过25分。

——最近三年平均年销售收入,500万元起步,1 000万元以内加1分,其后每增加1 000万元加1分,最高加100分;强势品牌10亿元起步,每增加1亿元加1分。

——最近三年企业职工平均月工资,每超出平均工资500元加1分。

9.4 否决项

对三年内涉及不良信用记录、危险生产、环境污染、资源浪费、侵犯知识产权和制售假冒伪劣产品等,或有其他违反法律、法规等行为的申报企业实行"一票否决"制。

9.5 评价结果

9.5.1 分类评价

按GB/T 4754—2017/XG1规定的制造业分类进行评价。

9.5.2 评价结果

品牌评价结果分为:

a) 强势品牌;

b) 知名品牌;

c) 创新品牌;

d) 优秀品牌。

9.6 申报

先进制造业企业有品牌评价需求时,向陕西省企业品牌建设促进会填报申报书。填报内容应符合附录B规定。

附录 A
（规范性附录）
制造业品牌评价指标

下表用于制造业区域品牌评价指标的比对。

制造业品牌评价指标表

序号	一级指标及分值	二级指标及分值	具体评价内容	分值	打分	备注
1	品牌能力建设（130分）	品牌规划（50分）	制定品牌建设规划和目标完成度(10分)。企业提供品牌发展战略规划与实施方案	10		
2			品牌规划纳入企业发展规划(10分)。企业提供的企业发展战略规划与实施方案明确了品牌要求	10		
3			设立品牌管理发展机构及专职人员(10分)。企业提供证明材料	10		
4			设计区域品牌标识系统（名称、注册商标、包装、广告语等）(2.5分/项)，最高10分。企业展示标识系统，并提供资料	10		
5			品牌经市场监管部门注册年限达20年及以上(10分)，10年以上不满20年(7分)，5年以上不满10年(5分)。企业提供相关证明	30		
6		品牌运营（30分）	企业为品牌发展活动做出有计划的持续投资，包括品牌推广、品牌广告投入与代发展趋势吻合度(10分/项)，最高30分。企业提供相关证明材料	15		
7		品牌保障（50分）	制定并落实商标（证明商标）使用或保护管理办法(15分)。企业提供证明材料	10		
8			对授权使用商标的组织建立监督信息台账(10分)。企业提供证明材料	15		
9			制定品牌建设、议事制度，品牌状态监视、评估管理等工作制度(15分)。企业提交证明材料	10		
10			建立品牌危机防控体系并制定保障措施(10分)。企业提供证明材料	10		
11	企业综合品质（140分）	党建管理（10分）	按照党章规定要求，独立或联合建立党组织(4分)。提交有关文件、材料	4		
12			按照"六有"（有场所、有设施、有党旗、有标志、有书报、有制度）标准建立活动场所，党组织活动丰富，工作材料齐全(3分)。提交有关文件和材料、实地察看	3		

（续表）

序号	一级指标及分值	二级指标及分值	具体评价内容	分值	打分	备注
13		党建管理（10分）	党组织的作用，对上级要求的执行力，突出问题的解决率，群众对党组织的满意率，各单项评价满意率分别达到60%、70%、80%、90%以上。组织问卷和测评。最高分3分	3		
14		企业品质（20分）	企业建立了基于企业家风范、企业风貌、行为、榜样及管理、决策、产品、员工等各个方面的品质实施计划和品质管理制度（10分）。评价组现场观察，查阅企业提供证明材料	10		
15			企业对全体员工开展了品质文化教育（5分）。企业提供证明材料	5		
16	企业综合品质（140分）		企业开展"以顾客为中心的，满足顾客的要求"品质活动中成功案例（5分）。企业提供证明材料	5		
17		质量管理水平（30分）	企业按照GB/T 19001要求建立了质量管理体系，并通过认证（5分）。企业提供证明材料	5		
18			企业按照GB/T 24001要求建立了环境管理体系，并通过认证（5分）。企业提供证明材料	5		
19			企业按照GB/T 45001建立了职业健康安全管理体系，并通过认证。（5分）。企业提供证明材料	5		
20			企业按照SA 8000要求建立了社会责任管理体系，并通过认证。（5分）。企业提供证明材料	5		
21			企业按照GB/T 31950系列标准建立了企业诚信管理体系。（5分）。企业提供证明材料	5		
22			食品生产企业通过ISO 9001,ISO 22000,HACCP等相关质量管理体系或GAP等行业规范认证；其他企业按照GB/T 15497,GB/T 15498,GB/T 19273,GB/T 35778建立了企业标准体系，各管理环节均实行了标准化管理，并通过AA级、AAA级、AAAA级或AAAAA级企业标准化良好行为确认；医疗器械企业通过IYY/T 0287/ISO 13485:2003认证。（5分）。企业提供证明材料	5		

(续表)

序号	一级指标及分值	二级指标及分值	具体评价内容	分值	打分	备注
23	企业综合品质（140分）	实物质量水平（30分）	近三年内产品质量符合安全卫生等强制性标准要求（6分）。企业提供证明材料	6		
24			近三年内无产品质量安全事故发生（6分）。通过当地市场监管部门获得证明材料	6		
25			近三年内在国家"双随机一公开"监督抽查中无不合格报告（6分）。通过当地市场监管部门获得证明材料	6		
26			近三年内无反映对组织及其产品感受的负面媒体报道（6分）。通过当地行业主管部门获得证明材料	6		
27			近三年内均具有产品检验合格报告档案（6分）。企业提供证明材料	6		
28		标准化水平（30分）	企业管理、服务和重要技术管理采用先进性标准，包括国际标准和先进国际标准（4分）。查看相关证明材料	4		
29			主导或参与制定国际标准（8分）、国家标准（6分）、行业标准（5分）、地方标准（4分）(以标准发布为准)，团体（或联盟）标准（4分）；企业提供证明材料	8		
30			企业产品/服务标准成为国家标准排行榜工作（6分）、行业标准排行榜工作（5分）、地方标准排行榜工作（4分）前三名（含第五名）；企业提供证明材料。（最高6分）	6		
31			企业产品/服务标准获得了国家标准领跑者标准称号（6分）、行业标准领跑者标准称号（5分）、地方领跑者标准称号（4分）；企业提供证明材料。（最高6分）	6		
32			企业产品/服务标准获得了国家标准创新贡献奖（6分）、地方标准创新贡献奖（5分）；企业提供证明材料。（最高6分）	6		
33		企业影响力（20分）	近三年企业规模在行业内的排名（7分）；企业提供证明材料	7		
34			近三年产品（逆序）在国际、国内、省内，省内公众（每个地区至少10人），占同类产品的市场份额。由评价组采取随机抽样调查的方法，对不同地区公众，按照不同年龄、不同性别的人群各占基本相同的比例通过当面或者电话、网络等方式进行调查，包括对品牌名称、商标、个性和意象、产品类别、产品功能、产品质量、消费者态度等（最高7分）	7		
35			品牌形象国际化度，包括进入国际市场的品牌数量和名称，以及近三年该品牌销售额（6分）。企业简要描述上述各项工作和提供证明材料	6		

(续表)

序号	一级指标及分值	二级指标及分值	具体评价内容	分值	打分	备注
36	顾客与市场（130分）	服务能力（40分）	是否成立了服务机构，配备了满足服务需求的服务人员（10分）。企业提供证明材料	10		
37			制定了体系，有序、规范化服务标准（10分）。企业提供证明材料	10		
38			装备了满足服务要求的设施设备，能够提供及时、有效的服务，企业提供服务设施设备清单和服务运行情况（10分）	10		
39			建立了服务信息系统，持续创新服务模式（10分）。企业提供服务创新等材料	10		
40		服务承诺（30分）	是否有有效的服务承诺和有效的服务补救机制（15分）。企业提供服务承诺和服务补救机制证明材料	15		
41			通过产品包装、说明书、社会责任报告、企业营销宣传材料等建立了顾客服务承诺，服务补救机制并有效实施（15分）。企业提供服务承诺的实施效果证明材料	15		
42		营销能力（30分）	建立了营销管理机制和规制（10分）。评价组查看市场分析、营销策划、营销管理等相关材料	10		
43			营销人员对企业的发展和销售的产品有足够的信心，熟悉产品的技术水平功能（10分）。评价组通过与营销人员交谈、了解营销人员对企业的发展的信心和营销的产品技术及功能掌握情况	10		
44			营销人员有良好的营销能力（10分）。评价组通过其公关能力、市场信息搜集能力、开拓创新能力、应变能力和营销思考和总结能力给予打分	10		
45		顾客满意度（40分）	通过内部管理制度、顾客满意度测评、如神秘顾客暗访、第三方测评、按照随机原则在满意的客户群中抽查评价组按照企业自身开展的相关调查以及委托外包的网络数据测评等手段进行服务绩效评价（40分）。由企业提供佐证材料	40		
46	诚信建设（120分）	诚信建设（60分）	企业把诚信作为核心价值观，纳入企业发展战略（15分）。由企业提供诚信目标和方面的有关材料	15		
47			企业制定诚信建设目标，为员工制定了诚信行为准则（15分）。由企业提供诚信目标和员工诚信准则	15		

(续表)

序号	一级指标及分值	二级指标及分值	具体评价内容	分值	打分	备注
48	诚信建设（120分）	诚信建设（60分）	对员工的诚信有要求，主要通过教育、培训、激励、监察和约束等方式得以落实（15分）。企业提供开展的诚信教育、培训、激励、监察和约束活动的材料	15		
49			企业采取诚信承诺管理、诚信评价管理等措施，提升企业的诚信水平（15分）。企业提供在诚信承诺管理、诚信评价管理等方面所做工作的材料	15		
50			企业对与诚信相关的风险进行分析，并建立风险规避和紧急事件应对程序（30分）。由企业提供有关材料。	30		
51		风险管理（60分）	企业定期进行风险重新评估和应急预案有效性测试（30分）。由企业提供有关证明材料。	30		
52	可持续发展（120分）	创新与管理能力（40分）	近三年研发人员占比、研发经费投入占比与增长率（8分）。企业提供企业年度报告材料、企业提供年度报告、研究报告等材料	8		
53			研发平台（如实验室、技术中心）的数量与等级（8分）。企业提供证明材料，评价组通过政府监管部门公布数据验证	8		
54			生产/服务设备水平（如先进程度、执行标准情况）（8分）。企业提供证明材料	8		
55			承担国际专业标准化技术委员会秘书处、国家专业标准化技术委员会秘书处、省级专业标准化技术委员会秘书处工作，权威技术团体或联盟情况（8分）。企业提供证明材料，评价组通过网络平台公开信息验证	8		
56			品牌创新架构完善，有创新考核与激励机制并能有效实施（8分）。企业提供证明材料	8		
57		知识产权创新（30分）	企业有效专利、商标、著作等权利的数量和级别（8分）。通过企业对专利、商标、创新奖项等的自我声明数据，国际、国家、行业主管部门的公开信息，构ształ研究报告及网络平台公开信息等进行评价	8		
58			专利申请量中发明专利占比达到60%以上。企业提供证明材料，评价组在国家网络平台公开信息验证。低于60%的情况下酌情减分。（最高8分）	8		
59			专利授权量占申请量比重。企业提供证明材料，评价组在国家网络平台公开信息验证。低于60%以下的情况下酌情减分。（最高8分）	8		

(续表)

序号	一级指标及分值	二级指标及分值	具体评价内容	分值	打分	备注
60	可持续发展（120分）	知识产权创新（30分）	获得国内外创新奖项数量。企业提供证明材料，评价组在国家网络平台公开信息验证。低于5项以下酌情减分。（最高6分）	6		
61			近三年知识产权转化率（5分）。企业提供证明材料，评价组通过行业主管部门的公开信息、第三方机构研究报告及网络平台公开信息进行打分。知识产权转化率低于90%以下酌情减分	5		
62		知识产权应用与保护（30分）	近三年知识产权许可（5分）。企业提供证明材料	5		
63			转让收益占主营收比重（5分）。企业提供证明材料	5		
64			近三年知识产权融资情况（5分）。企业提供证明材料	5		
65			知识产权保护规章制度制定（如产权认证、法律支持、知识产权预警机制和应对方案）（5分）。企业提供证明材料	5		
66			近三年知识产权保护经费投入水平（5分）。企业提供证明材料	5		
67		品牌拓展能力（20分）	新技术/新工艺的改进程度与先进性（7分）。通过自企业提供的证明材料，政府部门备案信息数据，企业采用、改进更新或对外合作开发先进技术等研究报告等评价品牌拓展能力，进行打分	7		
68			产品/服务功能的使用价值与经济价值的拓展（7分）。通过自企业提供的证明材料，政府部门备案信息数据，企业发展相应的挖掘，改进更新或对外合作开发先进技术的文件，第三方专业机构出具的相关研究报告等评价品牌拓展能力、重塑能力（6分），通过企业提供的证明材料，政府部门备案信息数据，企业采用，改进更新或对外合作开发先进技术的文件，第三方专业机构出具的相关研究报告等评价品牌拓展能力，进行打分	7		
69			与产品/服务相关内涵的挖掘、重塑能力（6分）。通过企业提供的证明材料，政府部门备案信息数据，企业采用、改进更新或对外合作开发先进技术的文件，第三方专业机构出具的相关研究报告等评价品牌拓展能力，进行打分	6		
70	品牌文化（110分）	品牌理念与愿景（25分）	从品牌目标、品牌理念及行为准则等方面进行评价（25分）。根据品牌创立者、品牌拥有者、品牌使用者等利益相关方对品牌愿景的认知及践行，结合在行业中的表现	25		

（续表）

序号	一级指标及分值	二级指标及分值	具体评价内容	分值	打分	备注
71	品牌文化（110分）	文化认同度（25分）	从顾客其他相关利益方对品牌所反映的价值观的接受和肯定程度等方面进行评价，调查品牌跨越地域、宗教、文化、民族的情况，结合行业中的表现，进行打分	25		
72		社会责任（60分）	从财务、产品与服务、管理结构、就业人员等方面为社会创造利润、实现经济价值（15分）。由企业提供近三年来在财务、产品与服务、管理结构、就业人员等方面为社会创造利润、实现经济价值的简要描述及成果	15		
73			承担绿色发展责任，主要体现在质量方面（15分）。由企业提供在质量、节能、低碳、环保和创新等方面保障绿色发展所做工作的简要描述和所获得的荣誉	15		
74			履行法律法规规定的各项义务和责任，注重以人为本，合法雇佣员工，合理安排工作时间，尊重员工及其权益（15分）。由企业提供维护相关利益方权益保护、相关描述和所获得的荣誉	15		
75			开展社会贡献活动，包括消费者权益保护、促进社区发展和公益事业等（15分）。由企业提供简要描述和所获得的荣誉	15		
76			企业在塑造积极创新、公平竞争、承担社会责任的企业精神和正确的价值观方面所做的工作（8分）。由企业提供相关材料	8		
77	品牌影响力（130分）	精神信念（20分）	在发扬优良传统、时代精神和落实企业个性融合的共同信念、作风和行为准则方面所做的工作（6分）。由企业提供相关材料	6		
78			如何使员工对本企业的生产、发展、命运和未来抱有理想和希望，企业根据自己的情况简要练出能够充分显示自己企业特色的企业精神（6分）。简要描述上述各项工作和提供证明材料	6		
79		品牌推广（20分）	是否通过发行报纸刊物、开通内部媒体、建立网络平台等各种方式，宣传和推广企业文化（5分）。企业提供上述各项工作和提供证明材料	5		
80			是否通过建筑、仪式等多种方式向员工传达企业的价值观，阐释品牌文化的内涵与意义，培养员工对企业文化的认同感、归属感（5分）。企业提供上述各项工作和提供证明材料	5		

(续表)

序号	一级指标及分值	二级指标及分值	具体评价内容	分值	打分	备注
81	品牌影响力（130分）	品牌推广（20分）	是否对社会公众进行必要的文化传播，使公众了解其文化和品牌形象，树立良好的社会形象（5分）。企业提供上述各项工作和提供证明材料	5		
82			是否开展和参与企业内部及外部的评价表彰活动，激发员工工作积极性和责任心，奖励符合企业价值观的行为（5分）。企业提供上述各项工作和提供证明材料	5		
83		品牌知名度（30分）	企业标识的设计能体现其经营宗旨和理念，符合品牌、产品、服务等方面的形象要求，并具有显著特性，容易被识别（30分）。企业提供本企业知名度的解读材料；获得国家驰名商标并在国际品牌组织，或国外注册（30分）或国家商标、国内获得相关荣誉（25分）；区域内获得相关荣誉（25分）	30		
84			公众能通过企业行为或企业标识形成认知（10分）。企业提供自我评估资料，评估组通过市场调研、顾客及其他利益相关方问卷调查等方式；或由企业提交大宗客户名单，进行抽样调查，第一提及知名度，参考全国、地区的知名度，各合在行业的表现，进行评价打分	10		
85		品牌美誉度（30分）	公众对企业通过品牌推广、文化活动、经营活动等行为传递出的信息产生认同，有良好心理感知（10分）。企业提供自我评估资料，顾客及其他利益相关方问卷调查随机原则抽取一定数量的公众进行调查评价	10		
86			企业的品牌消费赢得了认可和赞誉，公众愿意优先选择其产品和服务（10分）。企业提供自我评估资料，由评价组按照随机原则抽取一定数量的公众进行调查，评价打分	10		
87		品牌忠诚度（30分）	重复购买的顾客率及数量反映了顾客的忠诚度（10分）。企业提供自我评估资料，由企业提供顾客名单，由评价组按照随机原则对顾客及其他利益相关方问卷调查，评价打分	10		
88			顾客向其他消费者推荐该品牌和企业（10分）。企业提供自我评估资料，由企业提供顾客人员名单，由评价组按照随机原则抽查，评价打分	10		
89			顾客主动地关心与该品牌相关的信息，访问品牌网站并积极参与相关活动（10分）。企业提供自我评估资料，由企业提供顾客人员名单，由评价组按照随机原则抽查和查看品牌网站的访问量和评价打分	10		

(续表)

序号	一级指标及分值	二级指标及分值	具体评价内容	分值	打分	备注
90	品牌效益（120分）	经济效益（40分）	企业近三年的利润总额、纳税总额（20分）。企业提供证明材料	20		
91			近三年主要产品销售收入的增长率（20分）。企业提供证明材料	20		
92		社会效益（40分）	已发展成为当地的产业发展支柱产业、带动相关产业发展（20分）。企业提供相关证据资料，评价组通过政府主管部门获得证明材料	20		
93			为当地残疾人、低保户等特殊群体提供就业岗位（10分）。企业提供相关证据资料，评价组通过政府民政部门获得证明材料	10		
94			参与资助灾区、社会福利、文化教育等社会公益活动（10分）。企业提供相关证据资料，评价组通过政府民政部门获得证明材料	10		
95		品牌溢价（40分）	近三年企业在行业的影响力排名提升情况（20分）。企业提供证明材料或通过行业相关组织表取证明材料	20		
96			近三年新产品市场占有率增加率（20分）。企业提供证明材料	20		

附录B

（规范性附录）

先进制造业企业品牌评价申报书

先进制造业企业品牌评价申报书

企业名称（盖章）：_____

企业主要产品：_____、_____、_____、_____

企业统一社会信用代码：_____

申报类别：□新申请 □复审（首次获证时间_____年度）

企业注册所在地：_____

具体生产活动所在地：_____

填报时间：　　年　　月　　日

陕西省企业品牌建设促进会　制

企业综述

（介绍企业基本情况，近几年生产经营、开拓国际国内市场、品牌建设、技术创新、产品质量、人才队伍建设等情况，限3 000字以内）

企业基本情况

企业名称			
详细地址			
网址			
企业法定代表人		总经理	
邮箱		邮政编码	
联系人		联系电话	
登记注册类型		控股情况	
是否为上市公司和上市时间	是□ 否□ 上市时间：	股别	
主要产品名称		注册商标名称	
是否设立品牌专管机构	是□ 否□	是否制定品牌规章制度	是□ 否□
是否有专业品牌官	是□ 否□	是否组织或参加过"中国品牌日"等大项活动	是□ 否□
国家、省级高新技术企业认定情况		国家、省级技术中心、工程技术研究中心、重点实验室认定情况	
近三年企业获奖情况及颁奖单位			
近三年企业违法违规情况			

企业申报及综合评价表

评价指标及评价内容(近三年)			( )年	( )年	( )年
市场评价	国内市场占有水平	主要产品销售量(不包括出口)			
		主要产品销售额(不包括出口)	( )万元人民币	( )万元人民币	( )万元人民币
	出口创汇水平	主要产品出口量			
		主要产品出口额	( )万美元	( )万美元	( )万美元
	顾客满意度	第三方评价得分(附第三方顾客满意度调查报告)			
质量评价	实物质量水平	主要产品执行的标准(填写执行标准的标号,附标准首页及技术指标要页,附采标证书)			
		主要产品主要性能指标(附检验报告)			
	质量保证能力	获国家级或省级质量管理奖励情况(省级质量管理奖励指陕西省质量管理先进企业/省政府质量管理奖)	A.获国家级　B.获省级　C.未获		
		获中国驰名商标或著名商标荣誉情况	A.获驰名商标　B.获著名商标　C.未获		
		获中国名牌产品或陕西名牌产品荣誉情况	A.获中国(出口)名牌产品　B.获陕西名牌产品　C.未获		
		获国家免检或出口产品免验荣誉情况及年份	A.获国家免检　B.获出口免验　C.未获		
		通过质量体系认证情况及年份(有效期内)			
		通过环境体系认证情况及年份(有效期内)			

(续表)

评价指标及评价内容(近三年)			( )年	( )年	( )年
质量评价	质量保证能力	获国际认证联盟(IQNET)颁发的认证证书			
		通过专业认证情况及年份(有效期内)			
		企业开展质量管理知识普及教育情况(附说明材料)			
		企业售后服务网点建设、"三包"、顾客满意度调查及对用户意见的处理情况(附说明材料)			
		企业标准化工作情况(附说明材料)			
		企业计量工作情况(附说明材料)			
效益评价	企业纳税情况	企业纳税总额(万元)			
	成本费用效益水平	工业成本费用利税率(%)			
	总资产贡献水平	总资产贡献率(%)			
发展评价	技术开发情况	新产品产值率(附新产品证书)			
		企业研发费用占销售收入比重			
		企业广告费用率(附证明材料)			
		主要产品获得专利名称、项数(附专利号、专利类型、获得日期、专利简单描述等内容列表)			
		主要产品获得科学技术奖情况(附证明材料)	A. 有 B. 无		

(续表)

	评价指标及评价内容(近三年)		( )年	( )年	( )年
发展评价	技术开发情况	企业参加行业、国家以及国际标准制修订情况(附证明材料)	A. 参加行业标准修订 B. 加国家标准修订 C. 参加国际标准修订 D. 未参加		
		企业技术中心或工程技术研究中心(国家级、省级、市级)	A. 国家级 B. 省级 C. 市级 D. 无		
		企业科研技术人员(附职称、学历证书)	博士( )人 硕士( )人		
		企业参加省级以上品牌质量宣传活动次数(附证明材料)			
		企业节能降耗工作制度及执行情况(附证明材料)			
		企业节能降耗荣誉(附证明材料)			
		企业环保工作荣誉(附证明材料)			
		商标海外注册情况(附证明材料)			
	企业规模水平	企业总人数			
		企业总资产规模(万元人民币)			
		企业总销售额(万元人民币)			
社会责任	企业履行社会责任情况	企业人均工资水平(附证明材料)			
		企业公益慈善事业支出占销售额比重(附证明材料)			
		企业社会责任认证(SA 8000)情况及年份(有效期内)(附证书)			
		职业健康安全管理体系认证(OHSAS 18000)情况及年份(有效期内)(附证书)			
		企业从公共责任、公民义务、道德规范、节约资源、保护环境、实现社会可持续发展等方面进行社会责任事迹简介(附有关证明材料)			

部门和社会团体意见

企业对申报材料真实性的申明：	地市品建中心或其他社会组织推荐意见：
（盖章） 　　年　　月　　日	（盖章） 　　年　　月　　日
陕西品牌评价专业委员会评审意见：	省品促会意见：
（签字） 　　年　　月　　日	（盖章） 　　年　　月　　日

ICS 03.100
CCS A 00

T/SPCH

陕西省企业品牌建设促进会团体标准

T/SPCH 2.6—2023

品牌评价 农产品、农副产品

Evaluation of brand：Agricultural products，agricultural and sideline products

2023－12－01 发布　　　　　　　　　　2023－12－15 实施

陕西省企业品牌建设促进会　　发布

前　言

本文件按照 GB/T 1.1—2020《标准化工作导则　第 1 部分:标准化文件的结构和起草规则》的规定起草。

本文件由陕西省企业品牌建设促进会提出并归口。

本文件起草单位:

西北农林科技大学

西安科技大学

西安市市场监督管理局

西安市农业农村局

西安市质量与标准化研究院

陕西镇安御品轩食品有限公司

陕西国政育康管理集团有限公司

陕西省质量品牌与标准化研究院

陕西省企业品牌建设促进会

西安市企业品牌建设协会

西安市兴邦扶贫公益慈善基金会

西安市玉山杂粮食品厂

西安森泉种养殖专业合作社

西安毅朝种养殖专业合作社

咸阳市供销合作社

本文件主要起草人:

关养利　　陕西省质量管理和质量保证标准化技术委员会

郝生旺　　西安市市场监督管理局

裴靖瑜	西安市农业农村局
雷　震	西安市质量与标准化研究院
张全瑜	西安科技大学
淡俊涛	西安市农业农村局市场信息化处
杨广银	西安市品牌建设标准化技术委员会
杨利民	陕西省建筑科学研究院有限公司
辛　乐	陕西省食品药品检验研究院
陶学力	陕西省质量管理和质量保证标准化技术委员会
蔡培祖	陕西华威科技股份有限公司
王金润	西安市品牌建设标准化技术委员会
姜　明	西安市品牌建设标准化技术委员会
张兴发	陕西省质量品牌与标准化研究院
周建锋	陕西省质量品牌与标准化研究院
魏　强	西安市品牌建设标准化技术委员会
张　科	陕西省质量品牌与标准化研究院
刘国树	陕西省质量品牌与标准化研究院
杨和财	西北农林科技大学
李　桦	西北农林科技大学
薛春莉	杨凌示范区公共资源交易中心
赵　凌	陕西省质量品牌与标准化研究院
叶　毅	陕西省质量管理和质量保证标准化技术委员会
张　和	西安市职业技术学院
王　蚕	陕西省质量管理和质量保证标准化技术委员会
周红艳	陕西省质量管理和质量保证标准化技术委员会
刘永智	陕西省质量品牌与标准化研究院
王剑钟	陕西省质量品牌与标准化研究院
赵生明	陕西省质量品牌与标准化研究院
肖天佑	陕西省质量品牌与标准化研究院

李海涛	陕西省质量品牌与标准化研究院
侯　勇	咸阳市供销合作社
雷西萍	知识产权法律专业委员会（陕西法智律师事务所）
李军超	农业服务专业委员会
仝根利	教育培训专业委员会
赵利萍	健康服务业专业委员会
何　黎	品牌数字化建设专业委员会
李得诚	地域农副产品供应专业委员会
张修前	陕西省企业品牌建设促进会榆林办事处
来辉荣	陕西省企业品牌建设促进会咸阳办事处
刘一良	陕西省企业品牌建设促进会宝鸡办事处
张晓华	陕西省企业品牌建设促进会延安办事处
徐利军	陕西省企业品牌建设促进会汉中办事处
石宇锋	陕西省企业品牌建设促进会渭南办事处

本文件为首次发布。

引 言

品牌是农产品、农副产品获取市场价值的重要抓手,是质量和效益的原动力和航标。随着我国经济迈向高质量发展阶段,农业发展已由总量不足转变为结构性矛盾,在质量领域突出表现为农产品、农副产品品种多而不优,农业品牌杂而不亮,农业体量大而不强。从"质量兴农"到"品牌兴农",从"品牌兴农"到"品牌强农",这是全面推进乡村振兴,加快农业农村现代化的必由之路。在品牌消费、品牌竞争、品牌经济时代,抓好品牌建设、品质管理,遴选推介一批"大而优"、"小而美"、有影响力的农产品品牌、农副产品品牌、涉农企业品牌,推动陕西省农业高质量发展是一项非常重要的工作。

本文件的研制对农产品品牌、农副产品品牌、涉农企业品牌建设工作提供更为切实的指导,同时为专业机构开展农产品、农副产品品牌评价工作提供依据。

品牌评价 农产品、农副产品

1 范围

本文件规定了农产品、农副产品品牌评价的术语和定义、评价原则、基本条件、评价内容、评价方法。

本文件适用于陕西省企业品牌建设促进会组织的农产品、农副产品品牌评价工作和品牌管理工作,还适用于西安市企业品牌建设协会开展农产品、农副产品品牌评价工作。

2 规范性引用文件

下列文件中的内容通过文中的规范性引用而构成本标准必不可少的条款。其中,注日期的引用文件,仅该日期对应的版本适用于本标准;不注日期的引用文件,其最新版本(包括所有的修改单)适用于本标准。

GB/T 4754—2017/XG1 国民经济行业分类

GB/T 29185—2012 品牌价值 术语

中华人民共和国农产品质量安全法(2022 年修订)

3 术语和定义

GB/T 29185—2012 界定的以及下列术语和定义适用于本文件。

3.1 品牌 brand

与营销相关的无形资产,包括(但不限于)名称、用语、符号、形象、标识、设计或其组合,用于区分产品、服务和(或)实体,或兼而有之,能够在利益相关方意识中形成独特印象和联想,从而产生经济利益(价值)。

3.2 农产品 agricultural products

指来源于种植业、林业、畜牧业和渔业等的初级产品,即在农业活动中获得的植物、动物、微生物及其产品。涵盖国民经济行业分类中明确的 01 农业、02 林业、03 畜牧业、04 渔业。

[来源:《中华人民共和国农产品质量安全法》第一章第二条]

3.3 农副产品 agricultural and sideline products

本文件的农副产品指由种植业、养殖业、林业、牧业、水产业等产业进行初级加工和深加工形成的产品。涵盖国民经济行业分类中明确的 13 农副食品加工业、14 食品制造业、15 酒、饮料和精制茶制造业、16 烟草制品业、17 纺织业所涉及的产品。

3.4 农产品品牌 agricultural products brand

由相关机构、企业、园区、农户(合作社)等共有或独立拥有的,在质量、品牌影响力、品牌培育与管理、品牌效益、创新等方面具有共同诉求与行动,在同类农产品中具有良好产品品质、较强市场竞争力和众多消费者评价的农产品品牌。

3.5 农副产品品牌 agricultural and sideline products brand

由相关机构、企业等共有或独立拥有的,在质量、品牌影响力、品牌培育与管理、品牌效益、创新等方面具有共同诉求与行动,在同类产品中具有良好产品品质、较强市场竞争力和众多顾客(消费者)评价的农副产品品牌。

4 评价原则

4.1 自愿申报

凡符合申报本文件第 5 章条件的组织均具有自主申报的权利。

4.2 客观公正

评价人员进行评价时不应带任何形式的偏见,评价组织为主体进行资料审查和现场考核,不受任何组织或个人的干预。

4.3 公开透明

评价过程透明,包括评价数据的来源、所采用的评价方法、评价要素以及具体评价指标、评价人员及资质等,接受主管部门和社会监督。

4.4 科学规范

评价指标、评价内容科学制定,评价过程规范操作。评价结果应建立在充分的数据和分析基础上,以保证形成可靠的结论。

注:当评价对象在评价基准日前出现重大质量安全事故,不予评价。

5 基本条件

5.1 在陕西省行政区域内依法注册登记并连续生产经营3年以上的市场主体。

5.2 申报主体品牌商标业经市场监管部门注册,取得集体商标或证明商标,并制定行之有效的商标使用管理办法。

5.3 省内具有一定影响力的核心农业生产经营(主体)企业、园区、合作社等。

5.4 申报产品为可供食用的各种种植、畜牧、养殖、林业产品及其初级农产品、初级加工产品、深加工的产品。

5.5 申报产品在近3年内无产品质量监督抽查不合格现象,无较大质量、安全、环保、卫生等责任事故,无违法违规情况。

5.6 近3年内,积极履行社会责任,传承当地人文历史和农耕文化,无不良信用记录。

6 评价内容

6.1 品牌管理

包括3项二级指标:

——品牌规划;

——品牌运营;

——品牌保障。

6.2 质量水平

包括4项二级指标:

——实物质量水平;

——质量管理水平;

——质量安全;

——标准化水平。

6.3 创新水平

包括3项二级指标:

——创新措施;

——创新能力;

——创新成效。

6.4 品牌影响力

包括4项二级指标：

——品牌美誉度；

——品牌忠诚度；

——品牌知名度；

——市场占有率。

6.5 品牌效益

包括3项二级指标：

——经济效益；

——社会效益；

——生态效益。

7 评价方法

7.1 评价指标体系

采用定量分析与定性判断相结合的方法评价农产品、农副产品品牌。农产品、农副产品品牌评价指标体系包括5项一级评价指标、17项二级评价指标、58项具体评价内容。

7.2 赋分

农产品、农副产品品牌评价满分1 000分，各项一级评价指标分值分别为：品牌管理170分、质量水平290分、创新水平130分、品牌影响力260分、品牌效益150分。加分另计。

7.3 分值计算

农产品、农副产品品牌评价总得分＝品牌管理得分＋质量水平得分＋创新水平得分＋品牌影响力得分＋品牌效益得分＋加分项得分。计分细则按照附录A执行。

7.4 评价要求

依据附录A可对农产品、农副产品品牌评价得分，以申报农产品、农副产品所属生产、初加工领域（粮食、油料、果品、花卉、蔬菜、食用菌、茶叶、中药材、畜产品等）分类评定，按得分高低进行排序。

7.5 加分项

被评价产品提供下列相关文件或证书,可获得加分。加分项主要评价指标为:

——产品通过(获得)产品等各类认证[不含强制性认证,但包括特质农品认证、绿色产品认证、有机产品认证、地理标志产品认证、HACCP体系、On‑Farm体系(田间食品安全体系)、SQF体系等认证],每项加10分,最高加分不超过60分;

——最近3年平均年销售收入。100万元起步,500万元以内加5分,其后每增加500万元加5分;强势品牌1 000万元起步,每增加1 000万元加30分。

7.6 否决项

对3年内有涉及不良信用记录、危险生产、环境污染、资源浪费、侵犯知识产权和制售假冒伪劣产品等,或有其他违反法律、法规等行为的申报企业实行"一票否决"制。

8 评价结果

农产品、农副产品品牌评价结果分为:

a) 强势品牌:申报品牌产品销售收入10 000万元以上、得分900分以上。

b) 知名品牌:申报品牌产品销售收入1 000万元以上、得分800分以上。

c) 创新品牌:申报品牌产品销售收入500万元以上、得分700分以上。

d) 优秀品牌:申报品牌产品销售收入500万元以上、得分600分以上。

e) 区域品牌:申报品牌产品销售收入100万元以上、得分500分以上。

注:区域品牌指达不到陕西省级强势品牌、知名品牌、创新品牌、优秀品牌要求的农产品、农副产品,可评为地市级区域品牌。

9 评价申报

需要进行农产品、农副产品品牌评价的农业生产经营(主体)企业、园区、合作社等,按附录B要求进行申报。

附录 A
（规范性附录）
农产品、农副产品品牌评价指标表

A.1 下表用于农产品、农副产品品牌评价指标打分。

表 A.1 农产品、农副产品品牌评价指标打分表

序号	一级指标及分值	二级指标及分值	具体评价内容	得分	备注
1	品牌管理（170分）	品牌规划（70分）	农产品、农副产品品牌定位（涵盖市场定位、优势定位）。最高分10分		
2			制定农产品、农副产品品牌发展规划（涵盖战略目标、战略架构、战略实施），5分；申请纳入国家的品牌或以上国民经济和社会发展规划情况，5分。最高10分		
3			设计农产品、农副产品品牌标识系统（名称8分、注册商标8分、包装8分、广告语6分）。最高30分		
4			农产品、农副产品商标依法注册年限达20年及以上，得分20；10年以上不满20年，得15分；3年以上不满10年，得10分。最高20分		
5		品牌运营（50分）	用广播电视、报刊、网站、新媒体等媒介进行品牌宣传与推广活动，树立品牌形象，提升品牌认知度。最高12分		
6			用国内外批发市场、连锁商超、专卖店等传统市场与店铺进行农副产品销售与宣传，扩大品牌接触点。最高12分		
7			用农业展会、节庆活动、产销对接、电商等平台扩大展示推介，促进品牌农副产品销售，提升品牌知名度。最高13分		
8			用产销地环境、户外广告、城市公交移动传媒、产品包装、办公物品等多元渠道开展品牌营销。最高13分		

(续表)

序号	一级指标及分值	二级指标及分值	具体评价内容	得分	备注
9	品牌管理（170分）	品牌保障（50分）	设定农产品、农副产品品牌管理发展机构及专职人员或授权方有品牌管理发展机构及专职人员，得10分；专职人员经过专业培训、考核合格，得10分		
10			有农产品、农副产品品牌授权、品牌延伸、品牌联营管理等经营保护制度及知识产权保护资金。最高15分		
11			建立品牌危机防控（有危机预警、有危机应急处理）体系并有效实施。最高15分		
12	质量水平（290分）	实物质量水平（90分）	产品采用国际标准或国内外先进标准或执行国家、行业、地方、团体、企业标准，质量达到其要求情况。最高30分		
13			产品通过认证情况，包括名优新特、特质农品、绿色食品、有机农品、地理标志产品以及获得国际认证情况，至少有其中之一认证。最高40分		
14			近3年内产品获得各级政府部门或行业协会颁发的有关质量品牌的相关荣誉情况。最高20分		
15		质量管理水平（60分）	农产品、农副产品品牌申请组织通过ISO 9001（质量管理体系）、ISO 22000（食品安全管理体系）、HACCP（危害分析与关键控制点）等相关质量管理体系或GAP（良好农业规范）等行业规范认证，至少有其中之一认证。最高15分		
16			生产水平，包括生产设施、工艺、检测能力、计量水平、人员能力水平等满足生产需要情况。最高15分		
17			企业质量安全预警机制情况，有完善的信息收集机制、风险评估机制、信息发布机制、决策处置机制以及质量管理信息化水平情况。最高15分		
18			农产品、农副产品质量安全可追溯体系运行正常，并建立食用农产品合格证制度（消费者）投诉处理制度。最高15分		

(续表)

序号	一级指标及分值	二级指标及分值	具体评价内容	得分	备注
19	质量水平（290分）	质量安全（70分）	制定并有效执行农业投入品购进、使用、保管登记制度，记录完整，并定期抽查检验。最高35分		
20			定期进行产品质量安全抽检，近3年内无产品质量投诉情况，无产品质量安全事件发生。最高35分		
21		标准化水平（70分）	建立企业生产加工标准体系（10分），并有效实施情况（10分）。最高20分		
22			开展企业产品和服务自我声明公开（10分），产品和服务公开（10分），没有全部公开。最高20分		
23			主导或参与团体标准、地方标准、行业标准、国家标准、国际标准制修订情况。最高30分		
24	创新水平（130分）	创新措施（30分）	制定有促进新技术、新产业、新业态发展政策（5分），构建了现代产业发展新体系（5分），并有效实施。最高10分		
25			制定有员工创新，人才引进，公平竞争等激励制度（5分），并有效实施（5分）。最高10分		
26			制定有创新资金管理制度（5分），并有效实施（5分）。最高10分		
27		创新能力（50分）	设立高校或科研单位教育实践基地，创业就业平台，产学研一体化平台企业创新研发支持平台（5分），包括企业重点实验室、技术中心、工程中心和研发中心等。最高10分		
28			近3年承担国家级（10分）、省部级（7分）、市厅级科研项目（5分）情况。最高10分		
29			近3年科技成果转化情况，取得国家或省部级科技部门确认的技术合同，科技成果用户使用证明，国家或省级知识产权部门登记备案的专利转让或专利实施许可合同情况。最高10分		

143

（续表）

序号	一级指标及分值	二级指标及分值	具体评价内容	得分	备注
30	创新水平（130分）	创新能力（50分）	近3年研发人员占比情况，研发人员比重＝研发人员÷企业当年职工总数×100%。高于全省平均水平得10分，低于全省平均水平得5分		
31			近3年研发投入情况，研发投入比重＝研发成本÷销售收入×100%。高于全省平均水平得分10分，低于全省平均水平得5分		
32		创新成效（50分）	管理创新（5分）、营销创新（5分）、商业模式创新情况（5分）。最高15分		
33			研发新产品、新技术（5分），应用新品种、新技术（5分），具有与品牌产品相关的发明、实用新型或外观设计专利（5分）。最高15分		
34			品牌申请组织获得高新技术企业（10分）、市级以上科技型中小企业（7分）等有关部门授予的科技方面荣誉称号。最高10分		
35			品牌申请组织获得国家知识产权示范企业称号（10分）、省级知识产权示范企业称号（7分）、市级知识产权示范企业称号（6分）。最高10分		
36	品牌影响力（260分）	品牌美誉度（60分）	获得国家级、省级政府部门颁发的品牌相关荣誉，如中国驰名商标、中华老字号、非物质文化遗产等。最高15分		
37			获得国家级、省级政府部门、市级政府部门颁发有关奖项情况，如农产品交易会奖等。最高15分		
38			获得省级以上（含省级）区域公用品牌或被授权使用省级以上（含省级）区域公用品牌。最高15分		
39			品牌申请主体为农业产业化国家重点龙头企业（15分）、农业产业化省级重点龙头企业（13分）、农业产业化市级重点龙头企业（10分）、或为国家级农民合作社示范社（15分）、省级农民合作社示范社（13分）、市级农民合作社示范社（10分）		

(续表)

序号	一级指标及分值	二级指标及分值	具体评价内容	得分	备注
40	品牌影响力（260分）	品牌忠诚度（60分）	重复购买的频率与数量反映了顾客忠诚的程度。企业提供自我评估资料，由品牌申请组织提供顾客名单，由品牌评价专家组按照随机原则对顾客及其他利益相关方问卷调查，评价打分。最高分20分		
41			顾客向其他消费者推荐该品牌。品牌申请组织提供自我评估资料，由企业提供顾客名单，由品牌评价专家组按照随机原则抽查，评价打分。最高分20分		
42			顾客主动地关心与该品牌相关的信息，访问品牌网站并积极参与相关活动。品牌申请组织提供自我评估资料，提供顾客人员名单，由品牌评价专家组按照随机原则抽查品牌网站的访问量和查看品牌评价专家组顾客，评价打分。最高分20分		
43		品牌知名度（60分）	顾客对该品牌的质量知晓程度。由品牌申请组织提供自我评估资料和查看品牌评价专家组按照随机原则抽查，获取品牌知晓信息。最高分30分		
44			顾客对品牌的满意程度，包括满意度测评及持续改进情况。由品牌申请组织提供顾客人员名单和持续改进证据资料，由品牌评价专家组按照随机原则抽查，获取品牌满意度信息。最高分30分		
45		市场占有率（80分）	营销渠道（10分）、营销形式（10分）与营销范围情况（10分）。最高30分		
46			近3年申报的品牌产品在省内市场的销售量（或销售额）在市场同类产品（或品类）中所占比重变化情况。所占比重增加15%以上（40分），增加10%以上（35分），增加5%（30分）		
47			近3年申报的品牌产品在省内同类产品（或品类）出口额所占比重变化情况。所占比重增加10%以上（10分），增加5%以上（8分），增加率小于5%（5分）		
48	品牌效益（150分）	经济效益（50分）	近3年申报的品牌产品发展成为当地农民增收致富的支柱产业（20分），主导产业（15分）		
49			近3年申报品牌产品生产规模情况。有扩大（20分），有减少（10分）		
50			近3年申报的品牌产品销售收入占主营业务收入比例。有增加（10分），无变化（8分），有减少（5分）		

(续表)

序号	一级指标及分值	二级指标及分值	具体评价内容	得分	备注
51	品牌效益 (150分)	社会效益 (50分)	申报产品带动了一二三产融合发展,形成一定规模。最高20分		
52			近3年申请组织为当地残疾人、低保户等特殊群体提供就业岗位,开展农业培训以及带动农户数量和用工数量。最高10分		
53			近3年申请组织公益事业投入占销售收入比重,有增加(10分),有减少(5分)。参与资助灾区、社会福利、慈善、文化教育等公益活动,最高10分		
54		生态效益 (50分)	特质农品、绿色食品、有机产品生产基地规模逐年扩大(10分),稳定(8分),减少(6分)。加工企业(10分)		
55			废水、废气、废渣等无害化处理情况。有处理设施、有记录(10分),有处理设施 无记录(5分)		
56			实施地膜污染防治、秸秆资源化利用,加工生产等环保措施。有措施、有记录最高10分,无措施、无记录不得分		
57			实施畜禽粪污无害化处理措施。有处理设施、有记录(10分),有措施、无记录(5分)。加工企业(10分)		
58			化肥、农(兽)药等农业投入品使用量逐年降低(10分),无变化(6分)。加工企业(10分)		
总分(不含加分项)			1000分		

附录 B
（规范性附录）
农产品、农副产品品牌评价申报书

农产品、农副产品品牌评价申报书

企业名称(盖章)：_____

企业主要产品：_____、_____、_____、_____

企业统一社会信用代码：_____

申报类别：□新申请 □复审（首次获证时间_____年度）

企业注册所在地：_____

具体生产活动所在地：_____

　　　　填报时间：　　年　　月　　日

　　　　陕西省企业品牌建设促进会　制

承 诺 书

一、所提交申报材料真实、准确、有效,并愿意承担申报不实的法律后果。

二、获得"陕西农产品、农副产品品牌"后,应积极履行社会责任,主动向社会介绍、传播本组织品牌建设的先进经验、理念方法,发挥榜样、标杆示范引领作用。

三、本单位不因申报参评,由评选组织机构承担法律责任。

四、获选"陕西农产品、农副产品品牌"后,严格按规定宣传和使用所获得的"陕西农产品、农副产品品牌"荣誉称号。

企业法定代表人(主要负责人)(签字):

企业(盖章):

年　　月　　日

陕西农产品、农副产品品牌企业申报表(一)

企业基本信息	企业名称			是否上市		□否;□是,股票代码:		
	注册地址			企业规模		□大型　□中型　□小型　□微型		
	主要产品/服务							
	申报联系人	姓名	部门与职务		手机		座机	E-mail
	法人代表							
	品牌分管领导							
	联系人							

申报企业综述(限3 000字以内)
企业基本情况:涉及主要领域、经营种类、业务范围等。
管理情况:包括企业理念、管理体系、制度、模式、组织员工整体状况。
运营情况:包括市场开拓和营销网络建设情况、资产状况、取得成绩等情况。
企业品牌建设和品牌成果情况:企业如何创建品牌,从品牌发展历程、品牌定位、品牌特色与创新、品牌竞争优势、品牌发展前景以及品牌所获得荣誉。
企业技术创新和人才队伍建设情况:企业技术创新,国内外标准、知识产权和人才队伍建设情况

推荐单位意见
(地市品建中心或其他社会组织推荐意见)

推荐单位				
联系人		手机		传真
座机		E-mail		
通讯地址				
(需包括材料核实、初审意见及推荐理由)				

负责人(签字):
推荐单位盖公章
年　月　日

陕西省农产品、农副产品品牌申报表（二）

序号	一级指标及分值	二级指标及分值	具体填报内容
1	品牌管理	品牌规划	农产品、农副产品品牌（涵盖市场定位、优势定位）定位：
2			有品牌（涵盖战略目标、战略架构、战略实施）规划，并纳入地方发展规划：
3			农产品、农副产品品牌标识系统（名称、商标、包装、广告语）：
4			农产品、农副产品商标依法注册年限：
5		品牌运营	品牌宣传与推广活动：
6			品牌产品销售与宣传：
7			运营平台扩大展示推介：
8			开展品牌营销：
9		品牌保障	设定品牌管理机构及专职人员包括培训情况：
10			品牌经营保护制度及知识产权保护资金情况：
11			品牌危机防控（品牌预警、处理）措施：
12	质量水平	实物质量水平	产品执行标准情况：
13			产品通过认证情况：
14			获得有关质量品牌的相关荣誉情况：
15		质量管理水平	产品管理、质量品质提高行业规范认证情况：
16			生产能力满足生产需要情况：
17			企业质量安全预警机制情况：
18			产品质量安全可追溯体系运行情况：
19		质量安全	农业投入品制度执行情况：
20			产品质量安全抽检情况：
21		标准化水平	企业技术标准体系情况：
22			产品和服务标准自我声明公开：
23			主导或参与标准制修订情况：

(续表)

序号	一级指标及分值	二级指标及分值	具体填报内容
24	创新水平	创新措施	制定有促进发展政策,构建了现代产业发展新体系:
25			制定有创新激励制度,并有效实施:
26			制定对创新成果的奖励制度,并有效实施:
27		创新能力	产学研一体化平台:
28			近3年承担科研项目情况:
29			近3年成果转化情况:
30			近3年研发人员占比情况:
31			近3年研发投入情况:
32		创新成效	管理、营销、商业模式创新情况:
33			与品牌产品相关的专利情况:
34			获得科技方面的荣誉称号:
35			获得知识产权示范企业情况:
36	品牌影响力	品牌美誉度	获得政府颁发的品牌相关荣誉:
37			获得省级(含省级)区域公共品牌情况:
38			产品获得或被授权使用区域公共品牌:
39			获得政府部门奖项:
40		品牌忠诚度	顾客对申报产品品牌忠诚程度:
41			顾客对申报产品品牌推荐程度:
42			顾客主动地访问品牌申报产品网站的情况:
43		品牌知名度	顾客对该品牌的质量知晓程度:
44			顾客对该品牌的满意程度:
45		市场占有率	营销渠道、营销形式与营销范围:
46			产品在省内市场占有率排位变化情况:
47			产品在省内出口额排位变化情况:
48	品牌效益	经济效益	产品发展成为当地农民增收致富的支柱或主导产业:
49			产品生产规模变化情况:
50			产品销售收入占主营业务收入比例变化情况:

(续表)

序号	一级指标及分值	二级指标及分值	具体填报内容
51	品牌效益	社会效益	带动了一二三产融合发展,形成一定规模情况:
52			申请组织社会责任履职情况:
53			申请组织公益事业投入情况:
54		生态效益	生产基地规模变化:
55			三废(水、气、渣)无害化处理情况:
56			实施环保措施:
57			畜禽粪污无害化处理:
58			农业投入品使用变化:

ICS 01.120
CCS A 00

T/SPCH

陕西省企业品牌建设促进会团体标准

T/SPCH 3.2—2021

团餐服务品牌建设规范

Brand building standard of group meal service

2021-09-16 发布 2021-09-23 实施

陕西省企业品牌建设促进会　发布

前 言

本文件按照 GB/T 1.1—2020《标准化工作导则 第 1 部分:标准化文件的结构和起草规则》的规定起草。

本文件由陕西省企业品牌建设促进会提出并归口。

本文件起草单位:陕西省企业品牌建设促进会、陕西省食品药品检验研究院、西安市企业品牌建设协会、西安市质量与标准化研究院、陕西方园品牌标准化管理有限公司、西安市兴邦扶贫公益慈善基金会、西安市社会组织品牌规范化建设服务中心、东岭集团股份有限公司、陕西钢铁集团有限公司、陕西法士特集团有限公司、陕西华清宫文化旅游有限公司、陕西咸阳 505 医药保健总公司、陕西省宝鸡市民营企业协会、陕西省安康市青年创业协会、陕西省榆林市品牌建设联合会、西安旭讯人力资源有限公司、西安华易亿嘉大健康科技有限公司、陕西金箔书业集团、陕西宝地餐饮服务管理有限公司、西安食通餐饮有限公司。

本文件主要起草人:杨晓莉、辛乐、王迁、关养利、杨广银、白晓莉、刘永智、张全瑜、马小平、沈雷。

本文件首次发布。

团餐服务品牌建设规范

1 范围

本标准规定了团餐服务品牌建设规范的术语和定义、基本原则、建设要素。

本标准适用于团餐供应服务单位,包括集团用餐配送单位、现场制作售卖单位等。

2 规范性引用文件

下列文件中的内容通过文中的规范性引用而构成本标准必不可少的条款。其中,注日期的引用文件,仅该日期对应的版本适用于本标准;不注日期的引用文件,其最新版本(包括所有的修改单)适用于本标准。

GB/T 19011　质量和(或)环境管理体系审核指南

GB/T 24620　服务标准制定导则　考虑消费者需求

GB/T 27925　商业企业品牌评价与企业文化建设指南

GB/T 29185　品牌价值　术语

SB/T 10474　餐饮业营养配餐技术要求

SB/T 10856　团餐管理服务规范

国家市场监督管理局 2018 年第 12 号公告　餐饮服务食品安全操作规范

3 术语和定义

GB/T 19011、GB/T 24620、GB/T 27925、GB/T 29185、SB/T 10856 界定的以及下列术语和定义适用于本文件。

3.1 团餐 group meal

面向团体供应的餐饮服务形式,即为相对固定的人群以相对固定的模式批量提供餐饮食品。

3.2 团餐供应单位 supplier of group meal

指根据团体服务对象的要求,以集中加工配送或现场制作服务为主要加工供应形式的单位,包括集体用餐配送单位、现场制作服务单位等。

3.3 服务 service

服务提供者与顾客接触过程中产生的一系列活动的过程及其结果,其结果通常是无形的。

3.4 品牌 brand

与营销相关的无形资产,包括(但不限于)名称、用语、符号、形象、标识、设计或其组合,用于区分产品、服务和(或)实体,或兼而有之,能够在利益相关方意识中形成独特印象和联想,从而产生经济利益(价值)。

3.5 要素 elements

品牌建设的组成部分,包括有形、质量、创新、服务和无形。

3.6 企业品牌 enterprise brand

企业(包括其商品和服务)的能力、品质价值、声誉、影响和企业文化等要素共同形成的综合形象,通过名称、标识、形象设计等相关的管理和活动体现。

3.7 品牌建设 brand building

品牌的拥有者对品牌进行规划、设计、宣传、管理等一系列活动的统称。

3.8 品牌维护 brand maintenance

品牌的拥有者针对外部环境的变化给品牌带来的影响所进行的维护品牌形象、保持品牌的市场地位和品牌价值的一系列活动的统称。

4 基本原则

团餐服务品牌建设遵循以下原则:

——团餐服务单位主体应为独立法人,取得相应生产许可证,并在市场提供服务活动。

——具有完善的管理体系,包括但不限于基于国家相关法律法规制定的适宜企业发展的组织机构设置、管理制度、工作流程和标准等,宜通过第三方进行如下认证:食品安全管理体系、质量管理体系、环境管理体系、职业健康管理体系和危害分析与关键控制点体系认证。

——设有民族餐的团餐服务提供者,其食材、场所、设备、用具、包装和服务方式等应符合民族餐的相关要求。

——品牌运营实体对品牌建设的要素(输入)进行的必要投入。

——品牌运营过程中的品牌强度和(或)品牌绩效(输出)。

5 建设要素

5.1 提升有形要素价值

5.1.1 总则

团餐服务企业应提高企业的市场规模、市场占有率建立专门化品牌部门,制定、实施品牌战略,对品牌实施管理,树立和提升品牌影响力,以实现品牌价值。

5.1.2 品牌战略

应在战略层面上重视品牌建设问题,将其作为企业整体经营发展战略的一部分。

应设有专门负责品牌管理的职能部门,岗位设置明确,人员结构合理、数量充足。

应具有企业标识和标语,其设计应能体现经营宗旨和理念,符合品牌、产品、服务等方面的形象,并具有显著性,容易被识别。

应注重网络品牌建设,注册企业的独立域名和购买网站空间以建立网站。

5.1.3 品牌管理

应建立品牌管理制度,并以企业文件形式出现。

5.1.4 财务能力

应提供必要的财力支持、生产办公环境,保障品牌管理和经营活动的有效实施。

应建立关键财务指标,并以企业文件形式出现,包括但不限于:

——财务绩效评价;

——偿债能力;

——现金流量分析;

——纳税。

5.2 提升产品质量

5.2.1 总则

团餐服务企业应注重产品质量,品牌竞争是市场竞争的高级形式,而品牌竞争的实质是品牌质量的竞争。质量是品牌的基石,也是品牌的生命。持续稳定的质量是维持品牌信誉和建设品牌物质文化的根本保证。

5.2.2 产品质量承诺

应保证产品质量安全可追溯,建立原材料采购质量控制追溯体系,通过记录及标识,追溯食品的供应渠道及进货批次。

应保证原材料和半成品加工质量,建立食品安全操作规范。

应保证成品、包装材料的品质,经检验、认证或认定的结果合格,并记录形成标准文件。

应关注食品安全舆情,分析相关因素,采取应对措施。

5.2.3 生产人员质量承诺

应建立并执行食品加工人员健康管理制度。食品加工人员每年应进行健康检查,取得健康证明;上岗前应接受卫生培训。

食品加工人员如患有痢疾、伤寒、甲型病毒性肝炎、戊型病毒性肝炎等消化道传染病,以及患有活动性肺结核、化脓性或者渗出性皮肤病等有碍食品安全的疾病,或有明显皮肤损伤未愈合的,应当调整到其他不影响食品安全的工作岗位。

团餐服务提供者相关人员需持有餐饮行业相关资格证书,包括但不限于:
——中式烹调师;
——面点师;
——营养师,营养配餐专业人员应符合 SB/T 10474 的要求;
——食品安全管理师等。

5.2.4 集体用餐配送单位

应制定突发食品安全事件、车辆损坏、交通堵塞、恶劣天气等情况造成断餐中断的应急预案,并应定期演练。

应保证配送服务质量,包括但不限于保证配送准时率,配送路线、人员、车辆的合理安排,应对突发事件建立管理制度等,并形成制度文件。

5.2.5 现场加工制作单位

应制定防断餐应急预案,建立加工制作人员与售卖人员的信息沟通渠道。应制定突发公共卫生、食品安全事件、停电、停水、停气等情况的应急预案,并应定期演练。

5.2.6 环境质量承诺

应保证制作团餐过程中加工环境的品质,包括但不限于:
——应有专用的清洗、消毒设备,宜优先选用热力消毒设备及节能设备;
——有油烟排放控制措施及相关制度;
——严格控制餐厨废弃物的流向,制定餐厨废弃物管理制度,做好分类处理和回收利用工作;
——应制定卫生管理制度以及来访者管理制度;
——应制定环境安全保障及应急体系。

5.2.7 质量管理培训

应定期组织生产人员及管理人员学习生产资料、知识和技能等的相关文件,并以企业文件形式出现。

5.3 提升创新能力

5.3.1 总则

团餐服务企业应准确把握服务对象快速变化的需求,持续创新团餐营养配餐形式、团餐生产工艺、服务方式方法,不断提高团餐/服务质量,以更快的速度、更高的标准满足服务多元化、差异化需求。

5.3.2 管理创新

应建立研发部门或平台(如实验室、技术中心等),投入研发人员、研发经费、生产/服务设备等至品牌创新活动。

应制定创新战略保障体系,建立创新考核与激励机制。

5.3.3 技术创新

应申报有效专利、商标、著作等,制定知识产权保护规章制度、知识产权预警机制和应对方案。

应承担持续发展责任,主要体现在质量、节能、低碳、环保和创新等方面。

5.3.4 营销创新

应在产品/服务投放市场的过程中对市场及消费需求的研究,对传统与网络营销的规划布局、营销体系建立、渠道把控、外部资源整合等营销模式进行创新,包括但不限于:

——传统营销推广;
——网络营销推广;
——形象设计;
——广告与公关。

5.3.5 成果转化

应对创新取得的成果加以推广应用,并获得绩效。

5.4 提升服务水平

5.4.1 总则

团餐服务企业应把服务做成品牌,让服务创造价值。

5.4.2 服务流程化能力

应制定团餐服务人员(包括但不限于采购人员、配餐人员、送餐人员)服务制度文件和行为规范,建立服务信息系统,使服务过程程序化,服务行为规范化,服务结果标准化。

5.4.3 提升服务供给

对于服务人员,应履行法律法规规定的各项义务和责任,注意以人为本,合法雇佣员工,合理安排工作时间,尊重员工及其权益。宜明确从事产品/服务品牌建设的人才激励机制,包括但不限于:

——鼓励从业人员技术提升;
——增加研发人员和专业技术人员的比例;
——聘用高端技术人员,提升品牌建设能力。

对于服务设备设施,应保证服务过程设备设施的配置及持续优化。对于服务环境,应提升场景和氛围,包括但不限于:

——空间配置;
——环境卫生;
——设计氛围。

对于服务客户,应加强客户管理,包括但不限于:

——建立沟通渠道,保证渠道多样性和适宜性,对客户的服务需求做出快速反应;
——建立客户档案,监测客户满意度和忠诚度,并与竞争对手进行对比;
——建立服务和响应机制,通过对客户诉求的统计、分析与改进,维护和提升客户忠诚度。

5.4.4 服务制度

应制定服务标准化制度,包括但不限于:

——员工服务规范性(着装、服务方式等);
——服务的可追溯性;
——服务响应时间;
——服务差错防范措施;
——服务应急预案及处理制度;
——服务反馈制度,定期回访顾客的满意度情况,并有改进措施。

5.4.5 社会服务

应开展社会责任活动,包括但不限于消费者权益保护、自然环境保护、公益事业等。

5.5 提升无形要素价值

5.5.1 总则

团餐服务企业应注重知识的、战略的以及文化等方面的资源,提升无形要素价值。

5.5.2 品牌文化

应提炼品牌精神、品牌文化内涵,形成品牌使命、品牌仪式等具有品牌传承、品牌人文体现、品牌文化传播的品牌信念系统。

应不断丰富品牌文化内涵,使消费者对品牌形成文化感和认同感,定期举办员工培训、企业文化建设讲座,并形成文件存档。

5.5.3 应具有一定的行业影响力

以下因素可以判断其行业影响力高低:企业规模在行业内的排名、产品的市场份额、价格变动对市场的影响、业内标准或规章的参与度等。

5.5.4 应具有一定的社会影响力

应具有企业责任,包括:

——信用等级;

——上缴税费;

——安置员工人数(所在区域就业创造能力,吸纳劳动力、创造就业岗位的数量);

——环境治理投入,节能减排能力。

应完成公益慈善,包括:

——外部认可,包括获得行业、媒体荣誉及奖项;

——公益捐款,宜通过企业募捐和设立专项基金参与社会公益;

——饮食文化传承,弘扬中华饮食文化。

ICS 03.080.99
CCS A 00

T/SPCH

陕西省企业品牌建设促进会团体标准

T/SPCH 15—2024

团餐服务品牌评价规范

Code for brand evaluation of group meal service

2024－04－22 发布　　　　　　　　　　2024－04－23 实施

陕西省企业品牌建设促进会　　发布

前　言

本文件按照 GB/T 1.1—2020《标准化工作导则　第 1 部分：标准化文件的结构和起草规则》的规定起草。

本文件由陕西省企业品牌建设促进会提出。

本文件由陕西省企业品牌建设促进会归口。

本文件起草单位：陕西省企业品牌建设促进会、陕西省质量品牌与标准化研究院、西安市企业品牌建设协会、西安市兴邦扶贫公益慈善基金会、西安市消费维权联合会、西安晏皇餐饮管理有限公司。

本文件主要起草人：关养利、杨广银、张全瑜、叶毅、陶学力、杨和财、张建新、贺新宇、王建钟、刘永智、赵生明、郭宇辰、王蚕、吴建峰。

引 言

随着各类公司团体、企业团体、事业单位、机关单位、学校、医院、各类会议团体、活动团体的需求激增,尤其近十多年来,团膳服务得到了蓬勃发展,成为整个餐饮行业增长率最高的业态。但随着团餐市场企业间较为激烈地竞争,亟须发挥团餐服务的品牌引领作用,推动团餐企业的产品质量和服务水平提升,实现产业规模化、品牌化发展,服务于日益增长的消费需要,树立行业消费风向标。特制定本文件。

团餐服务品牌评价规范

1 范围

本文件规定了团餐服务品牌评价的术语和定义、评价原则、基本条件、评价内容、评价方法、评价结果和评价申请。

本文件适用于陕西省企业品牌建设促进会组织的团餐服务品牌的评价和管理工作。

2 规范性引用文件

下列文件中的内容通过文中的规范性引用而构成本文件必不可少的条款。其中,注日期的引用文件,仅该日期对应的版本适用于本文件;不注日期的引用文件,其最新版本(包括所有的修改单)适用于本文件。

GB/T 24421.1~5—2023　服务业组织标准化工作指南

GB 2760　食品安全国家标准　食品添加剂使用标准

GB 2894—2008　安全标志及其使用导则

GB/T 27306—2008　食品安全管理体系　餐饮业要求

GB/T 29185—2021　品牌　术语

GB/T 39002—2020　餐饮分餐制服务指南

GB/T 40042—2021　绿色餐饮经营与管理

国家市场监督管理总局 2018 年第 12 号公告　餐饮服务食品安全操作规范

SB/T 10580—2011　餐饮业现场管理规范

3 术语和定义

GB/T 29185—2012、GB/T 27306—2008、GB/T 39002—2020、GB/T 40042—2021、SB/T 10580—2011 界定的以及下列术语和定义适用于本文件。

3.1 品牌 brand

与营销相关的无形资产,包括(但不限于)名称、用语、符号、形象、标识、设计或其组合,用于区分产品、服务和(或)实体,或兼而有之,能够在利益相关方意识中形成独特印象和联想,从而产生经济利益(价值)。

[来源:GB/T 29185—2021,3.1]

3.2 团餐 group meal

客户团体通过协约同餐饮服务企业约定,为相对固定的人群以相对固定的供应模式批量提供的餐饮食品。

3.3 团餐服务 group meal service

客户团体通过协约同餐饮服务企业约定,为相对固定的人群以相对固定的以集中加工配送或现场制作服务为主要供应模式批量提供餐饮食品和相关服务。

3.4 团餐服务企业 group meal service enterprise

根据客户团体服务对象的要求,提供团餐服务的企业,包括集体供餐企业、现场制作服务的企业。

4 评价原则

4.1 自愿公平

凡符合本标准第5章条件的团餐服务企业均具有自主申请的权利。

4.2 客观公正

评价人员进行评价时不应带任何形式的偏见,评价机构为企业进行资料审查和现场考核,不受任何组织或个人的干预。

4.3 公开透明

评价过程透明,包括评价数据的来源、所采用的评价方法、评价要素以及具体评价指标、评价人员及资质等,接受主管部门和社会监督。

4.4 科学规范

评价指标、评价内容科学制定,评价过程规范操作。评价结果应建立在充分的数据和分析基础上,以保证形成可靠的结论。

当评价对象在评价基准日之前出现重大质量安全事故,不予评价。

5 基本条件

5.1 在陕西省内依法注册登记,其商标获得注册,具有独立法人资格的团餐服务企业。

5.2 在行业内具有一定影响力的团餐服务企业。

5.3 申请企业的自主品牌产品和服务所执行的标准应合规、有效。

5.4 积极履行社会责任,无不良信用记录,经营效益良好。

6 评价内容

6.1 团餐质量安全管理

团餐质量安全管理包括:

——安全管理;

——质量溯源;

——卫生管理;

——从业人员;

——安全应急。

6.2 服务环境

服务环境包括:

——厨房管理;

——用餐场所;

——公用设施;

——信息公开。

6.3 质量安全

质量安全包括:

——标准化服务;

——团餐质量;

——服务质量。

6.4 创新能力

创新能力包括:

——团餐研发与创新；

——服务创新；

——管理创新。

6.5 投诉处理

投诉处理包括：

——消费投诉；

——处理效率；

——处理公开。

6.6 品牌引领

品牌引领包括：

——品牌管理与维护；

——品牌影响；

——品牌效应。

6.7 社会责任

社会责任包括：

——诚信经营与权益保护；

——社会公益活动；

——绿色可持续发展。

7 评价方法

7.1 评价指标体系

采用定量分析与定性判断相结合、文件和有关资料评价与现场评价相结合的方法，评价团餐服务品牌。团餐服务品牌评价指标体系包括7项一级评价指标、24项二级评价指标、64项评价内容。

7.2 指标赋分

团餐服务品牌评价满分1 000分，各项一级评价指标分值分别为：团餐质量安全管理150分、服务环境150分、质量安全200分、创新能力150分、投诉处理100分、品牌引领150分、社会责任100分。

7.3 加分项

被评价的团餐服务品牌企业提供下列相关文件或证书,可获得加分 200 分。加分项主要评价指标为:

——获得过省(部)级主管部门及以上荣誉;

——获得市级及以上品牌荣誉;

——获评各级标准化试点、示范(标杆)单位;

——通过各类认证。

7.4 总分值计算

团餐服务品牌评价总得分 = 团餐质量安全管理 + 服务环境 + 服务质量 + 创新能力 + 投诉处理 + 品牌引领 + 社会责任 + 加分项得分。

得分细则按照附录 A 执行。

7.5 评价要求

依据附录 A 评价指标进行打分,对申请团餐服务品牌的企业进行评定,按得分高低进行排序。

7.6 否决项

对三年内涉及不良信用记录、危险生产、环境污染、资源浪费、侵犯知识产权和发生团餐质量事故,或有其他违反法律、法规等行为以及缺失本文件要求的相关管理标准(制度)的团餐服务企业,均实行评价"一票否决"制。

8 评价结果

团餐服务品牌评价得分低于 700 分(含)的,不能获得品牌荣誉。其中:

a)得分达到或高于 850 分的,授予团餐服务知名品牌证书和团餐服务知名品牌牌匾;

b)得分达到 701~849 分的,授予团餐服务优秀品牌证书和团餐服务优秀品牌牌匾。

9 评价申请

需要进行团餐服务品牌评价的企业,按附录 B 要求进行申请。

附录 A
（规范性附录）
团餐服务品牌评价指标得分表

表 A.1 团餐服务品牌评价指标得分表

序号	一级指标及分值	二级指标及分值	具体评价内容	得分值	备注
1	团餐质量安全管理（150分）	安全管理（30分）	参照 GB/T 27306—2008 要求建立了菜品安全管理体系。基本实现了菜品生产环节、销售环节、流通环节、服务环节的全生命周期管理，缺项扣分。最高得 10 分		
2			有与加工品种和数量相适应的加工场所及设施设备，定期对设施设备进行维护和校验，并有相关记录；对食品、食品添加剂和食品相关产品实施控制，记录完整；对原料采购皮供应的全过程实施食品安全管理，防止交叉污染，可供溯源的记录完整。最高得 10 分		
3			按《餐饮服务食品安全操作规范》要求进行管理。最高得 10 分		
4		质量溯源（30分）	建立并执行团餐进货检查验收制度，审验供货商的经营资格，建立合格供应商台账。最高得 15 分		
5			应索取采购产品的合格证明和产品标识，验明产品合格证明、产品标识、票据和凭证，建立进货记录档案，妥善保存，进货记录保存期限不得少于 2 年，以备查验。最高得 15 分		
6		卫生管理（30分）	制定了针对生产、经营、加工、服务过程，服务人员等环节实现了卫生管理。最高得 10 分		
7			对食材的仓储、加工、团餐配送等实施有效，有卫生检查记录。最高得 10 分		
8			所有卫生管理规制度有效，有卫生检查记录。最高得 10 分		
9		从业人员（30分）	建立并执行从业人员健康管理制度，确保员工持健康证明上岗；并开展员工晨检等健康检查。最高得 10 分		
10			对从业人员开展全员食品安全培训并有相关记录，从业人员有食品安全知识培训考试合格证，并符合相应的岗位技能和资格要求。最高得 10 分		
11			制定从业人员食品安全礼仪规范，开展人员服务礼仪培训并有相关记录。最高得 10 分		
12		安全应急（30分）	建立应对发生食品安全事故或紧急情况的应急程序并有预案。最高得 10 分		
13			有食品安全事故应急预案演练记录。最高得 10 分		
14			有火灾或其他紧急情况下的预案演练记录。最高得 10 分		

续表

序号	一级指标及分值	二级指标及分值	具体评价内容	得分值	备注
15	服务环境（150分）	厨房管理（50分）	设置粗加工、烹调、餐饮具清消毒等专用场所，并设置原料和半成品贮存、切配和备餐的场所。进行凉菜配制、生食海产品制作、裱花操作的，应分别设置相应专间。加工场所和加工流程按单一流线布置。最高得20分		
16			参照SB/T 10580—2011要求的厨房加工现场实施管理应符合。最高得10分		
17			厨房有防虫害、防潮、通风设施；加工监控设备运转正常；厨房各类清洗消毒设施应根据不同功能和卫生要求分别设置。最高得20分		
18		用餐场所（50分）	用餐场所应安全卫生、干净明亮、通风良好、温度适宜，安全标志应符合GB 2894—2008的要求。最高得20分		
19			配备数量充足的用餐餐具，保持卫生干燥，分类摆放，并易于获取。参照GB/T 39002—2020要求提供分餐服务。最高得10分		
20			应采用风幕、纱窗、暗管、粘鼠板或鼠夹、灭蝇灯、水封等措施，防止虫害进入用餐场所。最高得20分		
21		公用设施（30分）	餐饮具应按品种分类存放于有消毒功能的餐具保洁柜内，餐具保洁柜内不得混放其他物品。最高得10分		
22			用餐场所应配备洗手池，洗手液等适宜的设施设备及用品，洗手池应干净，不得有饭菜残渣。最高得10分		
23			用餐场所卫生间应保持整洁，不得有明显异味。最高得10分		
24		信息公开（20分）	悬挂食品经营许可证，餐饮服务食品安全风险分级标志，有安全警示牌，相关人员信息。最高得10分		
25			有供给菜品信息，便于顾客选择菜品。最高得5分		
26			有"适量点菜、节约消费"提示，引导顾客理性消费，适量用餐。最高得5分		

团餐服务品牌评价规范

（续表）

序号	一级指标及分值	二级指标及分值	具体评价内容	得分值	备注
27	质量安全（200分）	标准化服务（60分）	菜品使用的原辅材料，应符合明示标准的要求。食品添加剂入库后有专人管理，出入库要严格登记，使用应符合 GB 2760 的要求，并设有专人监督落实。最高得 20 分		
28		标准化服务（60分）	制定菜品质量和制作流程标准。最高得 20 分		
29		标准化服务（60分）	提供团餐配送服务的企业应制定配送流程，包括操作工序的具体规定，详细的操作方法与要求，配送的硬件设施，运输条件的监控，配送过程中通过加贴封识号码，配送过程监控温度等措施实施运输的监控。最高得 20 分		
30		团餐质量（80分）	所有菜品应按操作规程加工制作，并经专人现场检查，符合制作要求方可出售。最高得 20 分		
31		团餐质量（80分）	制定菜品控油、控盐、控糖等措施，并向用餐人群反馈。最高得 20 分		
32		团餐质量（80分）	出售的菜品应留样，以备复检待查。留样食品应按品种分别盛放于清洗消毒后的密闭专用容器内，在冷藏条件下存放 48h 以上，每个品种留样量不少于 100g。最高得 20 分		
33		团餐质量（80分）	在加工或供餐环节发现存在潜在食品安全问题时，应立即撤回即将供应的菜品。最高得 20 分		
34		服务质量（60分）	提供的菜品均应配备有相应取餐工具，并配置单独的取餐工具放置器皿，防止掉落菜品中；或设有专人服务。最高得 20 分		
35		服务质量（60分）	菜品提供时，注意菜品传送，配送过程安全卫生以及温度控制。最高得 20 分		
36		服务质量（60分）	建立剩余菜品分析、改进制度，根据用餐人群需求合理调整菜品，减少餐饮浪费。最高得 20 分		
37	创新能力（150分）	团餐研发与创新（60分）	制定团餐服务创新战略及实施计划，建立自主研发机制并提供资源保障。最高得 20 分		
38		团餐研发与创新（60分）	有对传统工艺的继承及对新产品的创新能力，定期推出新产品。最高得 20 分		
39		团餐研发与创新（60分）	有提升专业配餐能力的措施，定期对食谱进行营养综合分析，并向用餐人群反馈。最高得 20 分		

（续表）

序号	一级指标及分值	二级指标及分值	具体评价内容	得分值	备注
40	创新能力（150分）	服务创新（60分）	利用专有知识和经验，开发了服务的新模式。最高得20分		
41			参照GB/T 24421.1~5—2023《服务业组织标准化工作指南》建立了团餐服务标准体系。最高得20分		
42			采用新技术、新设备进行服务。如快速计价结算，机器人服务等。最高得20分		
43		管理创新（30分）	对团餐服务实现了信息化管理。最高得15分		
44			在应急情况下，有提供团餐服务的预案和举措。最高得15分		
45	投诉处理（100分）	消费投诉（35分）	制定消费投诉处理工作标准。明确投诉处理流程。最高得15分		
46			设立专门机构或有专人负责消费投诉处理，公开投诉电话、邮箱等。提供证据。最高得20分		
47		处理效率（35分）	发生消费争议时，主动与消费者协商和解，消费投诉处理率应达100%。最高得20分		
48			有效消费投诉处理满意率应达90%以上。提供证据。最高得15分		
49		处理公开（30分）	对投诉问题、处理措施、处理结果等信息进行规范管理，全面地收集投诉处理结果并及时向公示于众，做到投诉处理的规范化与透明化。提供证据。最高得20分		
50			建立并留存真实、完整、规范的投诉处理记录。投诉处理案件归档率95%以上。最高得15分		
51	品牌引领（150分）	品牌管理与维护（50分）	建立专业部门维护品牌权益及进行品牌管理，制定有品牌发展规划。最高得25分		
52			在品牌营销中，对品牌（商标注册、老字号认定、品牌联营）实施了法律、政策、经营保护。最高得25分		
53		品牌影响（50分）	获得国家级政府部门颁发的质量、安全、卫生、诚信有关奖项，省级政府部门颁发的质量、安全、卫生、诚信有关奖项，市级政府部门颁发的质量、安全、卫生、诚信有关奖项。最高得20分		

（续表）

序号	一级指标及分值	二级指标及分值	具体评价内容	得分值	备注
54	品牌引领（150分）	品牌影响（50）	团餐服务品牌在行业中具有较高的知名度。品牌申请企业提供知名度信息证据。最高得15分		
55			团餐服务品牌在客户团体中具有较高的忠诚度。品牌申请企业提供忠诚度信息证据。最高得15分		
56		品牌效应（50）	近三年，有利用品牌资产进行扩张行为的能力。如：实现了品牌联营或品牌输出等行为。最高得25分		
57			近三年，有较大的开拓新市场能力。如：新增团餐服务客户团体或投资回收周期缩短。最高得25分		
58	社会责任（100分）	诚信经营与权益保护（35分）	遵守诚信道德和道德行为准则，建立企业的信用合规体系，融入企业的价值观，纳入企业的经营发展战略。最高得10分		
59			企业获得国家或区域信用等级情况。最高得15分		
60			保护相关方的权益，制定并运行有效的权益保障机制。最高得10分		
61		社会公益活动（30分）	弘扬中华饮食文化所做出的贡献。最高得15分		
62			近三年，积极支持公益事业活动。最高得15分		
63		绿色可持续发展（35分）	参照GB/T 40042—2021《绿色餐饮经营与管理》要求建立团餐经营和管理规范。最高得15分		
64			制作团餐的废弃物和污水得到处理，符合相关排放标准。最高得20分		
	加分项（200分）		获得过省（部）级主管部门及以上品牌荣誉。最高得50分		
			获得市级及以上品牌荣誉。最高得50分		
			获得各级标准化试点、示范（标杆）单位。最高得50分		
			通过各类认证。最高得50分		

175

附录 B
（资料性附录）
团餐服务品牌评价申请书

陕西省团餐服务品牌评价申请书

单位名称（盖章）：_____
企业统一社会信用代码：_____
单位注所：_____
经营场所：_____

填报时间： 年 月 日

陕西省企业品牌建设促进会　制

承 诺 书

一、所提交申请材料真实、准确、有效,并愿意承担相应责任。

二、获得"团餐服务品牌"后,应积极履行社会责任,严格遵守《中华人民共和国产品质量法》《中华人民共和国食品安全法》《中华人民共和国价格法》《中华人民共和国消费者权益保护法》《海南省实施〈中华人民共和国消费者权益保护法〉办法》等相关法律法规,严格遵循放心消费品牌单位创建各项标准和要求,自觉接受社会监督和评价。

三、本组织(单位)同意不因本单位申报参评,由评选机构承担法律责任。

单位法定代表人或主要负责人(签字):

单位(盖章):

年　　月　　日

陕西团餐服务品牌评价申请表

企业基本信息	单位名称		统一社会信用代码			
	注册地址		主要服务团体			
	团餐主要品种与服务					
	申报联系人	姓名	部门与职务	手机	座机	E-mail
	法人代表					
	主要负责人					
	联系人					

申报企业综述（限 3 000 字以内）

单位基本情况（300 字以内）

自我评价（500 字以内）

申请单位意见	负责人（签字）： 申请单位（公章）： 年　　月　　日

序号	一级指标及分值	二级指标及分值	具体填报内容
1	团餐质量安全管理	安全管理	
		质量溯源	
		卫生管理	
		从业人员	
		安全应急	
2	服务环境	厨房管理	
		用餐场所	
		公用设施	
		信息公开	
3	质量安全	标准化服务	
		团餐质量	
		服务质量	
4	创新能力	团餐研发与创新	
		服务创新	
		管理创新	

（续表）

序号	一级指标及分值	二级指标及分值	具体填报内容
5	投诉处理	消费投诉	
		处理效率	
		处理公开	
6	品牌引领	品牌管理与维护	
		品牌影响	
		品牌效应	
7	社会责任	诚信经营与权益保护	
		社会公益活动	
		绿色可持续发展	
	加分项	获得过省（部）级主管部门及以上荣誉	
		获得市级及以上品牌荣誉	
		获得各级标准化试点、示范（标杆）单位	
		通过各种认证	

注：可通过文字表述、提供相关证据和照片证明相结合的方式，完成此表填报。

ICS 03.100
CCS A 00

T/SPCH

陕西省企业品牌建设促进会团体标准

T/SPCH 006

代替 T/XPX 1.1—2021

建设工程领域品牌评价规范

Standard for brand evaluation construction engineering field

2021-09-16 发布　　　　　　　　　　　　2021-09-23 实施

陕西省企业品牌建设促进会　发布

前 言

本文件按照 GB/T 1.1—2020《标准化工作导则 第 1 部分:标准化文件的结构和起草规则》给出的规则起草。

本文件由西安市企业品牌建设协会提出并归口。

本文件起草单位:西安市企业品牌建设协会、陕西省企业品牌建设促进会、陕西省质量品牌与标准化研究院、西安市质量与标准化研究院、陕西方园品牌标准化管理有限公司、西安市兴邦扶贫公益慈善基金会、西安市社会组织品牌规范化建设服务中心、东岭集团股份有限公司、陕西钢铁集团有限公司、陕西法士特集团有限公司、陕西华清宫文化旅游有限公司、陕西咸阳505医药保健总公司、陕西省宝鸡市民营企业协会、陕西省安康市青年创业协会、陕西省榆林市品牌建设联合会、西安旭讯人力资源有限公司、西安华易亿嘉大健康科技有限公司、陕西金箔书业集团、陕西省市政工程协会。

本标准主要起草人:杨利民、张晓艳、王迁、关养利、杨广银、白晓莉、张全瑜、刘永智、马小平、沈雷、闫建平。

本文件首次发布。

建设工程领域品牌评价规范

1 范围

本文件规定了陕西省建设工程领域品牌评价的术语和定义、评价原则、基本条件、评价指标和评价方式。

本文件适用于陕西省建设工程领域从事工程建设、生产、提供产品和(或)服务的企业和(或)组织开展品牌评价及管理活动,也可作为行业组织对陕西省建设工程领域从事工程建设、生产、提供产品和(或)服务的企业和(或)组织进行品牌评价的依据。

2 规范性引用文件

下列文件中的内容通过文中的规范性引用而构成本文件必不可少的条款。其中,注日期的引用文件,仅该日期对应的版本适用于本文件;不注日期的引用文件,其最新版本(包括所有的修改单)适用于本文件。

GB/T 19000　质量管理体系　基础和术语

GB/Z 19579　卓越绩效评价准则实施指南

GB/T 19580　卓越绩效评价准则

GB/T 29185　品牌价值　术语

GB/T 29186　品牌价值　要素

GB/T 39654　品牌评价　原则与基础

T/SPCH 2.1—2021　品牌评价　通则

3 术语和定义

GB/T 19000、GB/T 29185、T/SPCH 2.1—2021 界定的以及下列术语和定义适用于本文件。

3.1 建设工程 construction engineering

为人类生活、生产提供物质技术基础的各类建筑物和工程设施的统称,是人类有组织、有目的、大规模的经济活动。建设工程按照自然属性可分为建筑工程、土木工程和机电工程三类。

3.2 品牌 brand

与营销相关的无形资产,包括(但不限于)名称、用语、符号、形象、标识、设计或其组合,用于区分产品、服务和(或)实体,或兼而有之,能够在利益相关方意识中形成独特印象和联想,从而产生经济利益(价值)。

3.3 品牌评价 brand evaluation

使用相关要素和维度对建设工程领域企业品牌的建设和价值进行定性和(或)定量评价的活动。

3.4 品牌建设 brand building

品牌的拥有者对品牌进行规划、设计、宣传、管理等一系列活动的统称。

3.5 品牌管理 brand management

品牌的拥有者组织制定、实施品牌战略,对品牌实施管理,树立和提升品牌影响力,以实现品牌价值的活动过程

3.6 品牌维护 brand maintenance

品牌的拥有者针对外部环境的变化给品牌带来的影响所进行的维护品牌形象、保持品牌的市场地位和品牌价值的一系列活动的统称。

4 评价原则

4.1 平等自愿

符合品牌评价基本条件的在陕建设工程领域品牌拥有者均可自愿申请进行品牌评价。

4.2 公平公正

建设工程领域品牌的评价应公开透明、方法一致、客观公正。

4.3 科学合理

建设工程领域品牌的评价应按照规定的评价要素和评价指标,采用定量打分的评价方式进行。

4.4 分类评价

按照工信部公布的企业规模划分标准,按企业规模分类开展建设工程领域品牌的评价。

5 基本条件

——申请进行品牌评价的建设工程领域的机构或组织应在陕西省行政区域内注册,具有独立法人资格。

——应取得建设工程领域的相关行业资质或行政许可,并在资质或许可规定的范围内开展建设、生产和(或)产品/服务活动。

——机构或组织应拥有自主品牌,其建设、生产和(或)产品/服务活动应保持质量稳定,并在行业内具有较强影响力。

——机构或组织应按照国家有关规定,建立独立的或联合的党的组织机构。

——机构或组织应依法缴纳税金和社会保障资金。

——近3年内应无重大安全、环境、质量事故。

——机构或组织近3年内应在经营活动中没有重大违法记录。

6 评价指标

6.1 品牌管理

6.1.1 组织机构

——应设立品牌管理部门或机构,并规定其品牌管理、战略制定、文化建设等工作职能。

——应明确相关管理层次、部门、岗位的职责,界定工作范围。

6.1.2 品牌战略

——应关注顾客及其利益相关方的需求和期望,制定与本机构或组织经营战略相一致的品牌发展目标,确定企业品牌的战略定位和战略规划。

——应制定品牌战略转化的实施计划及相关的关键绩效指标,并规定予以贯彻执行。

——应监督品牌战略的实施,确定其实现程度,并分析其与经营目标的一致性。

6.1.3　人力资源

——应制定并实施人力资源发展战略,明确行业领域和专业范围内品牌战略发展的人才需求。

——应确立从事产品/服务品牌建设的人员岗位责任制,明确职责和权限。

——应确定与从业人员能力相匹配的岗位作业标准。

——应明确人员的与品牌建设和卓越绩效相对应的专业能力。

6.1.4　财务资源

——应建立和完善财务管理体系,包括:资金管理机制、成本管理机制、风险管控机制、纳税管理机制等,实施有效财务管理,提高组织经营水平。

——应确定与产品/服务品牌建设相关的财务资源要求,并为机构或组织当前和未来提供品牌建设所需的财务资源。

——应对产品/服务品牌的盈利能力和发展能力进行分析,对关键财务指标进行评价,以评估组织财务绩效水平。

——应监测品牌资产的负债、损益、现金流等相关财务指标,反映当期的财务水平,预测品牌发展趋势。

6.2　品牌建设

6.2.1　品牌文化

——应在建设、生产和(或)产品/服务活动中注重品牌引领高质量发展,培育构建具有本机构或组织特色的品牌文化,并在机构或组织内部通过品牌文化建设活动进行有效传达。

——应将机构或组织的品牌文化传递给顾客及其利益相关方。

——品牌文化的传递内容应包括:品牌文化信息、组织诚信信息、质量信息、安全保障信息、创新信息、服务信息等。

6.2.2 品牌形象

——应对机构或组织的行业发展进行识别、判断,建立与其品牌战略定位和品牌文化相一致的统一的品牌形象。

——应将机构或组织的品牌形象传递给顾客及其利益相关方,促进顾客和利益相关方对机构或组织品牌形象的品牌认知。

6.2.3 品牌推广

——应进行适当的策划,通过目标市场、行业市场及广告媒体、网络媒体等途径进行品牌推广,提高品牌的知名度、美誉度。

——应建立专业的营销团队和营销激励机制,积极在工程领域相关行业开展品牌推广,提升顾客及利益相关方对品牌的认可度和忠诚度。

6.2.4 品牌成果

——应对品牌获得的市场绩效、行业影响进行评估,积极参与地方、行业、国家的相关认证、认可活动,取得机构或组织品牌建设的成果认可。

——应积极组织品牌成果宣传,增强品牌建设在国内、国际市场的影响。

6.3 市场能力

6.3.1 市场占有率

——应开展机构或组织在区域、国内、国际市场的占有份额的评估活动,监测、分析和评价主要竞争对手、行业标杆的市场占有率。

——应针对分析结果采取必要的改进措施,改善和提高机构或组织品牌在行业领域的市场占有率。

6.3.2 市场认可度

——应建立市场评估管理机制,持续开展市场、顾客对自身产品/服务的接受、认可程度的评价工作,并加以改进。

——应对机构或组织在行业内的知晓程度和综合实力进行调查,确定其品牌的影响力和市场认可度,并加以改善。

6.3.3 市场竞争力

——应对自身及主要竞争对手、行业标杆的市场竞争力进行监测、分析和评价,以确定组织在行业内的竞争水平。

——应采取必要的应对方式,增强组织自身的市场竞争力。

6.3.4 市场稳定性

——应对机构或组织自身的品牌运营能力进行评估,并对影响市场稳定性的因素进行识别、确认、分析,以确定组织持续适应市场的能力。

6.4 品牌维护

6.4.1 客户管理

——应建立与顾客沟通的渠道和方式,了解顾客的需求、期望和偏好,建立顾客关系。

——应对客户进行分类,建立客户档案,监测客户满意度和忠诚度,并与竞争对手的客户满意度和忠诚度进行分析对比。

——应建立服务和响应机制,通过对客户诉求进行统计、分析和改进,维护和提升客户对品牌的忠诚度。

6.4.2 质量管理

——应对产品/服务的质量管理活动进行控制。至少包括:

a) 质量管理体系,组织内部的质量管理过程、方法、流程、要求及标准;

b) 产品和服务的质量,经检验、认证或认定的结果合格;

c) 产品和服务质量标准的执行,满足法律法规、标准的要求及组织管理的要求;

d) 产品和服务方面取得的绩效,包括:质量信用、等级、水平、趋势等。

——应建立产品/服务质量问题的应急响应机制,以应对突发事件,减少或消除公众隐忧。

6.4.3 安全管理

——应对产品/服务的安全管理活动进行控制。至少包括:

a）安全管理体系,组织内部的安全管理过程、方法、流程、要求及标准；

　　b）产品和服务的安全,经检验、认证或认定的结果合格；

　　c）产品和服务安全标准的执行,满足法律法规、标准的要求及组织管理的要求；

　　d）产品和服务安全方面取得的绩效,包括：安全管理等级水平、趋势等。

——应建立产品/服务安全问题的应急响应机制,以应对突发事件,减少或消除公众隐忧。

6.4.4　绿色管理

——应对产品/服务的绿色管理活动进行控制。至少包括：

　　a）环境管理体系,组织内部的节能环保管理过程、方法、流程、要求及标准；

　　b）产品和服务的节能指标、环保性能、标准,经检验、认证或认定符合要求；

　　c）产品和服务对节能环保标准的执行,满足法律法规、标准的要求及组织管理的要求；

　　d）产品和服务在节能环保方面取得的绩效,包括：节能及环保管理等级水平、趋势等。

——应建立产品/服务节能环保风险的应急响应机制,以应对突发事件,减少或消除公众隐忧。

6.5　创新能力

6.5.1　管理创新

——应制定管理创新计划并实施,管理创新包括：文化、组织机构、制度、流程、营销、服务、竞争等,获得预期绩效。

6.5.2　技术创新

——应制定技术创新计划,明确各层次和部门在技术创新方面的计划和目标,按照计划实施,并获得经济效益、社会效益或在行业、区域范围内处于领先地位。

6.5.3 成果转化

组织应对创新取得的成果加以推广应用,获得绩效并取得证实:

——在内部得到推广应用,并获得效益;

——对推动区域、行业或国家的科技创新、技术进步发挥作用;

——主导或参与国家标准、行业标准、地方标准的制定或修订。

6.6 社会效益

6.6.1 社会责任

——应为满足法律法规要求和达到更高水平而采取措施,带来绩效,并得到证实。

——应通过自身产品/服务和运营对质量、安全、环保、资源综合利用、公共卫生、相关风险的影响采取措施,带来绩效,并得到证实。

——应针对产业发展、解决就业采取措施,带动行业或区域发展,并得到证实。

6.6.2 社会影响

——应遵守诚信准则,建立信用体系,带来绩效,并得到证实。

——应在其内部及相关方树立先进典型,并得到有利的影响。

——与利益相关方之间在维护市场秩序、公平竞争的行为应符合道德规范,并得到相关绩效或证实。

6.6.3 社会公益

——应建立参与社会公益活动的机制,并有效运行。

——应主导开展或积极支持、参与社会公益事业,为此做出贡献,并取得相关证实。

6.7 技术先进

6.7.1 人才先进

机构或组织应明确从事产品/服务品牌建设的精英人才激励机制,包括但不限于:

——鼓励从业人员的技术提升。

——增加研发人员和专业技术人员的比例。

——聘用高端技术人员,提升品牌建设能力。

6.7.2 技术先进

机构或组织应积极引进或采用新技术、新工艺、新材料和新设备,提高自主创新能力,组织并取得以下科技成果证实:

——近 5 年获得国家级科技进步奖。

——近 3 年获得省部级科技进步奖。

——近 1 年通过权威鉴定的国际先进以上水平的科技成果。

6.7.3 精品工程

机构或组织应组织并证实先进科技成果在省部级以上示范工程项目取得有效应用:

——近 5 年取得的国家级优秀工程奖项。

——近 3 年取得的省部级优秀工程奖项。

——近 1 年取得的省部级示范工程奖项。

6.7.4 前瞻性

机构或组织在开展生产经营活动过程中应积极响应国家政策,紧跟科技发展前沿,并取得证实:

——建立并推进经济能源环境协同治理的发展策略。

——建立有能源管理体系并有效运行。

——建立有"双碳"技术培训机制并有序执行。

——其他具有前瞻性的措施或策略。

6.8 加分项

——拥有国家级技术中心或省级研究中心,并取得自主核心技术成果。

——在企业生产经营活动和品牌建设中采用 5G 通信网络等智能化先进技术。

7 评价方式

7.1 评价机构

7.1.1 法律责任

评价机构应是一个法律实体,或一个法律实体内明确界定的一部分,以便该法律实体能够对其所有评价活动承担法律责任。

7.1.2 评价协议

7.1.2.1 评价机构应具有法律约束力的协议,以为被评价机构/组织提供评价服务。评价协议应考虑评价机构及被评价机构/组织的责任。

7.1.2.2 评价机构应确保其评价协议要求被评价机构/组织至少遵守:

a) 始终满足评价要求,包括当收到评价机构的通知时做出适当的反应。

b) 如果评价适用于持续生产,则应持续符合产品/服务的相关标准要求。

c) 被评价机构/组织应对下列事项做出必要的安排:

实施评价活动,包括审查文件和记录,访问相关设备、场所、区域、人员及利益相关方;

投诉的调查;

必要时,观察员的参与。

7.1.2.3 评价机构应按照规定对评价证书、标志的所有权、使用和展示进行控制。

7.2 评价依据

——根据工信部规定的企业规模划分标准分类开展建设工程领域品牌的评价。

——建设工程领域品牌的评价指标依据本文件第6章规定的执行。

——建设工程领域品牌评价的评分方法按照本文件附录A的规定执行。

7.3 评价程序

7.3.1 被评价机构/组织根据评价协议的规定提供评价资料。

7.3.2 评价机构按照本文件第5章的规定对被评价机构进行审核。

7.3.3 评价机构按照7.2的规定对被评价机构/组织进行分类评价打分。

7.4 评价结果

7.4.1 建设工程领域品牌评价的评价结果按评价总得分划分为以下四个等级:

——强势品牌。

——知名品牌。

——创新品牌。

——优秀品牌。

7.4.2 建设工程领域品牌评价的分级方法见本文件附录 A。

7.5 评价报告

根据评价过程和评价结果,按照企业规模分类出具建设工程领域品牌评价的分级评价报告。

本规范用词说明

1 为了便于在执行本规范条文时区别对待,对要求严格程度不同的用词说明如下:

1)表示很严格,非这样做不可的:

正面词采用"必须";反面词采用"严禁"。

2)表示严格,在正常情况下均应这样做的:

正面词采用"应";反面词采用"不应"或"不得"。

3)表示允许稍有选择,在条件许可时首先这样做的:

正面词采用"宜";反面词采用"不宜"。

表示有选择,在一定条件下可以这样做的,采用"可"。

2 条文中指明应按其他有关标准、规范执行的写法为"应符合……的规定"或"应按……执行"。

附录 A
（规范性附录）
建设工程领域品牌评价方法

本文件依据工信部企业规模分类标准，借鉴 GB/Z 19579《卓越绩效评价准则实施指南》中的管理成熟度评价方法，参照《品牌评价　通则》T/SPCH 2.1—2021 中规定的品牌评价评分要求，采用评判打分的方式进行建设工程领域的品牌评价。

评价方法：

1. 按照表 A.1 的评分要求对各项评价指标的实施程度逐项进行打分。

2. 各评价指标的评价得分乘以各项指标的分值（见表 A.2）的总和为品牌评价的综合得分。

3. 建设工程领域品牌评价总分为 1 000 分，按品牌评价的综合得分分为以下 4 个级别：

1）950 分以上，有很高的品牌先进性，评为强势品牌；

2）900～949 分，有一定的品牌先进性，评为知名品牌；

3）850～899 分，有一定的品牌创新性，评为创新品牌；

4）800～849 分，有一定的品牌管理性，评为优秀品牌。

表 A.1　品牌评价指标评分要求

分值比例	评分要点
80%～100%	·在该评分项要求中大多数方面达到优良水平； ·在该评分项要求中大多数趋势显示了优秀和领先的水平； ·在该评分项要求中能够获得充分相关数据，或对比性信息
60%～80%	·在该评分项要求中大多数方面显示了良好水平； ·在该评分项要求中大多数趋势显示了良好水平； ·在该评分项要求中获得较多相关数据，或对比性信息
40%～60%	·在该评分项要求中多数方面显示了一般水平； ·在该评分项要求中有部分显示趋势的数据，或处于一般水平； ·在该评分项要求中获得相关数据信息，或对比性信息
20%～40%	·在该评分项要求中水平较低，或有少量的描述结果，或结果较差； ·在该评分项要求中有少量显示趋势的数据，或处于较低的水平； ·在该评分项要求中有少量的相关数据信息，或对比性信息
0～20%	·在该评分项要求中水平很差，或没有描述结果，或结果很差； ·在该评分项要求中没有或有极少量显示趋势的数据，或显示了总体不良的趋势； ·在该评分项要求中没有或有极少量的相关数据信息，或对比性信息

表 A.2 评价指标分值及评分细则

一级指标	二级指标	评估标准	分值	评分比例和说明 本条为符合性分值,无则为 0					得分
				0~20%	20%~40%	40%~60%	60%~80%	80%~100%	
6.1 品牌管理 130分	6.1.1 组织机构 20分	设立了品牌管理的职能部门,规定了工作职能	10						
		各管理层次、部门、岗位的品牌管理职能得到了明确,沟通,达成共识	10	0~20%	20%~40%	40%~60%	60%~80%	80%~100%	
	6.1.2 品牌战略 30分	组织制定了与经营战略相一致的清晰的品牌战略,确定主导产品品牌定位,并形成文件	10	0~20%	20%~40%	40%~60%	60%~80%	80%~100%	
		品牌战略在各层级形成系统的、有效的实施计划,并予以实施	10	0~20%	20%~40%	40%~60%	60%~80%	80%~100%	
		品牌战略按规定的时间间隔进行监测、分析,并提出改进计划	10	0~20%	20%~40%	40%~60%	60%~80%	80%~100%	
	6.1.3 人力资源 40分	组织制定了与品牌战略发展相适应的人力资源发展战略,并有效实施	10	0~20%	20%~40%	40%~60%	60%~80%	80%~100%	
		制定了从事产品/服务品牌建设的人员岗位责任制,明确职责和权限	10	0~20%	20%~40%	40%~60%	60%~80%	80%~100%	
		建立了明确的岗位责任制和确定的岗位作业标准	10	0~20%	20%~40%	40%~60%	60%~80%	80%~100%	
		配备有与品牌建设和卓越绩效相匹配的从业人员	10	0~20%	20%~40%	40%~60%	60%~80%	80%~100%	
	6.1.4 财务资源 40分	建立了完善的财务管理体系,包括但不限于:资金管理机制,成本管理机制,风险管控机制,纳税管理机制等;实施有效财务管理,提高组织经营水平	10	0~20%	20%~40%	40%~60%	60%~80%	80%~100%	
		确定与产品/服务品牌或组织当前和未来提供品牌建设所需的财务资源	10	0~20%	20%~40%	40%~60%	60%~80%	80%~100%	
		对产品/服务品牌相关的盈利能力和发展能力进行分析,对关键财务指标进行评价,以评估财务绩效水平	10	0~20%	20%~40%	40%~60%	60%~80%	80%~100%	
		监测品牌资产的负债、损益、现金流等组织财务相关指标,反映当期的财务水平,预测品牌发展趋势	10	0~20%	20%~40%	40%~60%	60%~80%	80%~100%	

(续表)

一级指标	二级指标	评估标准	分值	评分比例和说明	得分
6.2 品牌建设 110分	6.2.1 品牌文化 30分	构建了品牌文化系统,明确了品牌文化理念,在组织内部得到渗透	10	本条为符合性分值,无则为0	
		品牌文化的信息传递给了顾客及其利益相关方	10	0～20% 20%～40% 40%～60% 60%～80% 80%～100%	
		品牌文化的信息传递到组织诚信信息、质量信息、安全保障信息、创新信息、服务信息	10	0～20% 20%～40% 40%～60% 60%～80% 80%～100%	
	6.2.2 品牌形象 30分	明确的品牌建设机制,并定期分析、评价、改进	10	0～20% 20%～40% 40%～60% 60%～80% 80%～100%	
		在管理过程中,终端有统一的品牌形象应用	10	0～20% 20%～40% 40%～60% 60%～80% 80%～100%	
		品牌形象得到了顾客及相关利益方的认识	10	0～20% 20%～40% 40%～60% 60%～80% 80%～100%	
	6.2.3 品牌推广 30分	制定了品牌宣传推广计划	10	本条为符合性分值,无则为0	
		品牌推广有一定的资金预算	10	0～20% 20%～40% 40%～60% 60%～80% 80%～100%	
		建立营销团队及营销激励机制,鼓励和支持营销人员开发和维护营销渠道	10	0～20% 20%～40% 40%～60% 60%～80% 80%～100%	
	6.2.4 品牌成果 20分	获得地方、行业、国家的认证、认可	10	0～20% 20%～40% 40%～60% 60%～80% 80%～100%	
		对组织开拓国内、国际市场的影响	10	0～20% 20%～40% 40%～60% 60%～80% 80%～100%	
6.3 市场能力 140分	6.3.1 市场占有率 40分	开展了市场占有份额的评估活动	10	0～20% 20%～40% 40%～60% 60%～80% 80%～100%	
		监测、分析和评价主要竞争对手、行业标杆的市场占有率	10	0～20% 20%～40% 40%～60% 60%～80% 80%～100%	
		组织针对指标分析结果采取的改进措施	10	0～20% 20%～40% 40%～60% 60%～80% 80%～100%	
		建立完善的市场培育工作机制	10	0～20% 20%～40% 40%～60% 60%～80% 80%～100%	

（续表）

一级指标	二级指标	评估标准	分值	评分比例和说明					得分
6.3 市场能力 140分	6.3.2 市场认可度 40分	建立有市场管理机制，并持续评价、改进	10	0~20%	20%~40%	40%~60%	60%~80%	80%~100%	
		获得地方、行业、国家、国际的荣誉及诚信评价	10	0~20%	20%~40%	40%~60%	60%~80%	80%~100%	
		组织在行业内的知晓程度及综合实力排名	10	0~20%	20%~40%	40%~60%	60%~80%	80%~100%	
		顾客重复/优先购买或推荐购买的比重	10	0~20%	20%~40%	40%~60%	60%~80%	80%~100%	
	6.3.3 市场竞争力 30分	组织对连续年度新签合同额进行分析	10	0~20%	20%~40%	40%~60%	60%~80%	80%~100%	
		组织在产品/服务质量、安全方面取得的绩效，分析优劣势	10	0~20%	20%~40%	40%~60%	60%~80%	80%~100%	
		组织在创新、研发方面取得的优劣势分析	10	0~20%	20%~40%	40%~60%	60%~80%	80%~100%	
	6.3.4 市场稳定性 30分	组织在管理、专业技术方面的绩效	10	0~20%	20%~40%	40%~60%	60%~80%	80%~100%	
		组织对连续年度营业收入、总资产增长率等指标的分析	10	0~20%	20%~40%	40%~60%	60%~80%	80%~100%	
		总体指标、区域市场/不同顾客群细分指标的分析、判断	10	本条为符合性分值，无则为0					
6.4 品牌维护 220分	6.4.1 客户管理 70分	建立了品牌维护机制，对品牌的维护管理进行了规定	10	0~20%	20%~40%	40%~60%	60%~80%	80%~100%	
		对突发的品牌危机事件处置时机、方法得当，消除或降低了不利影响	10	0~20%	20%~40%	40%~60%	60%~80%	80%~100%	
		定期开展品牌绩效分析、识别顾客的需求、期望，建立差异化顾客关系	10	0~20%	20%~40%	40%~60%	60%~80%	80%~100%	
		与顾客沟通、识别顾客群体，监测并分析顾客的满意度和忠诚度	10	0~20%	20%~40%	40%~60%	60%~80%	80%~100%	
		建立顾客档案，细分顾客群体，监测并分析顾客的满意度和忠诚度	10	0~20%	20%~40%	40%~60%	60%~80%	80%~100%	
		对竞争对手及行业标杆的顾客满意度、忠诚度的监测和分析	10	0~20%	20%~40%	40%~60%	60%~80%	80%~100%	
		对顾客诉求及服务效果进行统计、分析，建立顾客服务需求及响应机制和改进措施	10	0~20%	20%~40%	40%~60%	60%~80%	80%~100%	

(续表)

一级指标	二级指标	评估标准	分值	评分比例和说明					得分
				0~20%	20%~40%	40%~60%	60%~80%	80%~100%	
6.4 品牌维护 220分	6.4.2 质量管理 50分	建立质量管理体系,明确质量管理的职能职责,管理的过程、方法、流程及措施	10	0~20%	20%~40%	40%~60%	60%~80%	80%~100%	
		组织确定了质量目标,对质量目标的策划	10	0~20%	20%~40%	40%~60%	60%~80%	80%~100%	
		产品/服务质量标准的执行,结果鉴定	10	0~20%	20%~40%	40%~60%	60%~80%	80%~100%	
		建立质量风险应急处理机制	10	0~20%	20%~40%	40%~60%	60%~80%	80%~100%	
		质量目标管理取得的成效及质量风险的控制效果	10	0~20%	20%~40%	40%~60%	60%~80%	80%~100%	
	6.4.3 安全管理 50分	建立安全管理体系,明确安全管理的职能职责,管理流程、方法、措施	10	0~20%	20%~40%	40%~60%	60%~80%	80%~100%	
		组织确定了安全管理目标,对安全管理目标的策划	10	0~20%	20%~40%	40%~60%	60%~80%	80%~100%	
		产品/服务安全标准的执行,结果鉴定	10	0~20%	20%~40%	40%~60%	60%~80%	80%~100%	
		建立安全风险应急处理机制	10	0~20%	20%~40%	40%~60%	60%~80%	80%~100%	
		安全管理取得的成效及安全风险的控制效果	10	0~20%	20%~40%	40%~60%	60%~80%	80%~100%	
	6.4.4 绿色管理 50分	建立环境管理体系,明确了职能职责,管理流程、方法、措施	10	0~20%	20%~40%	40%~60%	60%~80%	80%~100%	
		组织确定了绿色管理目标,对目标的控制	10	0~20%	20%~40%	40%~60%	60%~80%	80%~100%	
		产品/服务"四节一环保"指标的控制	10	0~20%	20%~40%	40%~60%	60%~80%	80%~100%	
		建立环保风险应急处理机制	10	0~20%	20%~40%	40%~60%	60%~80%	80%~100%	
		绿色管理取得的成效及风险的控制效果	10	0~20%	20%~40%	40%~60%	60%~80%	80%~100%	
6.5 创新能力 90分	6.5.1 管理创新 30分	管理变革、创新方面的规划、实施计划或方案	10	0~20%	20%~40%	40%~60%	60%~80%	80%~100%	
		组织开展管理创新的活动	10	0~20%	20%~40%	40%~60%	60%~80%	80%~100%	
		管理创新的成果,预期绩效	10	0~20%	20%~40%	40%~60%	60%~80%	80%~100%	

(续表)

一级指标	二级指标	评估标准	分值	评分比例和说明					得分
				0~20%	20%~40%	40%~60%	60%~80%	80%~100%	
6.5 创新能力 90分	6.5.2 技术创新 30分	技术创新方面的规划、实施计划或方案	10	0~20%	20%~40%	40%~60%	60%~80%	80%~100%	
		组织开展技术创新的活动	10	0~20%	20%~40%	40%~60%	60%~80%	80%~100%	
		技术创新的成果、经济效益	10	0~20%	20%~40%	40%~60%	60%~80%	80%~100%	
	6.5.3 成果转化 30分	组织内部得到推广应用，获得效益	10	0~20%	20%~40%	40%~60%	60%~80%	80%~100%	
		对推动区域、行业、国家的科技创新、技术进步发挥作用	10	0~20%	20%~40%	40%~60%	60%~80%	80%~100%	
		主导或参与国家标准、行业标准、地方标准的制定或修订	10	0~20%	20%~40%	40%~60%	60%~80%	80%~100%	
6.6 社会效益 90分	6.6.1 社会责任 40分	承担社会责任，参与社会活动，对社会带来有利影响	10	0~20%	20%~40%	40%~60%	60%~80%	80%~100%	
		组织在遵纪守法方面实施的举措，得到证实	10	0~20%	20%~40%	40%~60%	60%~80%	80%~100%	
		组织运营中对可能给社会、公众带来的不利影响采取措施，得到证实	10	0~20%	20%~40%	40%~60%	60%~80%	80%~100%	
		解决就业，促进和带动区域或行业发展，得到证实	10	0~20%	20%~40%	40%~60%	60%~80%	80%~100%	
	6.6.2 社会影响 30分	诚信经营，信用建设方面的成果或证实	10	0~20%	20%~40%	40%~60%	60%~80%	80%~100%	
		先进典型、道德模范等有利影响	10	0~20%	20%~40%	40%~60%	60%~80%	80%~100%	
		维护市场秩序、公平竞争方面的成果或证实	10	0~20%	20%~40%	40%~60%	60%~80%	80%~100%	
	6.6.3 社会公益 20分	根据自身发展、定位策划、确定重点支持的公益领域	10	0~20%	20%~40%	40%~60%	60%~80%	80%~100%	
		开展和参与公益活动	10	0~20%	20%~40%	40%~60%	60%~80%	80%~100%	
6.7 技术先进 220分	6.7.1 人才先进 30分	组织制定了明确的技能培训和人才激励机制，并有效实施	10	0~20%	20%~40%	40%~60%	60%~80%	80%~100%	
		明确的精英人才成长机制、人力资源持续得到优化	10	0~20%	20%~40%	40%~60%	60%~80%	80%~100%	
		良好的高端人员引进机制，并得到有效证实	10	0~20%	20%~40%	40%~60%	60%~80%	80%~100%	

（续表）

一级指标	二级指标	评估标准	分值	评分比例和说明					得分
				0~20%	20%~40%	40%~60%	60%~80%	80%~100%	
6.7 技术先进 220分	6.7.2 技术先进 80分	组织制定了先进科技成果应用管理机制,并有效实施	10						
		组织制定了先进科技成果研发管理机制,并有效实施	10						
		近5年获得国家级科技进步奖	30	每一项得10分,最高30分					
		近3年获得省部级科技进步奖	20	每一项得5分,最高20分					
		近1年通过权威鉴定的国际先进以上水平的科技成果	10	每一项得5分,最高10分					
	6.7.3 精品工程 70分	组织制定了精品工程建设管理机制,并有效实施	10						
		近5年取得国家级优秀工程奖。(每一项得10分,最高30分)	30	每一项得10分,最高30分					
		近3年取得省部级优秀工程奖。(每一项得5分,最高20分)	20	每一项得5分,最高20分					
		近1年取得省部级示范工程奖。(每一项得5分,最高10分)	10	每一项得5分,最高10分					
	6.7.4 前瞻性 40分	建立并推进经济能源环境协同治理的发展策略	10						
		建立有能源管理体系并有效运行	10						
		建立"双碳"技术培训机制并有序执行	10						
		其他具有前瞻性的措施或策略	10						
6.8 加分项 50分	—	拥有国家级技术中心或省级研究中心,并取得自主核心技术成果	30	每一项得10分,最高30分					
		在生产经营和品牌建设过程中采用BIM、5G通信网络等智能化先进技术	20	每一项得10分,最高20分					
总分		1000+50(分)							

ICS 03.120.20
CCS A 00

T/SPCH
陕西省企业品牌建设促进会团体标准

T/SPCH 11—2023

"陕西精品"评价通则

General rules for Shaanxi boutique assessment

2023-02-15 发布　　　　　　　　　　　　　　2023-02-21 实施

陕西省企业品牌建设促进会　发布

前 言

本文件按照 GB/T 1.1—2020《标准化工作导则 第 1 部分:标准化文件的结构和起草规则》的规则起草。

本文件由陕西省企业品牌建设促进会提出并归口。

本文件起草单位:陕西省企业品牌建设促进会、西安市企业品牌建设协会、陕西省质量品牌与标准化研究院、陕西方园品牌标准化管理有限公司、西安市兴邦扶贫公益慈善基金会、东岭集团股份有限公司、陕西钢铁集团有限公司、宝钛集团有限公司、陕西黄金集团股份有限公司、西安科技大学、西北政法大学行政法学院,陕西咸阳505医药保健总公司、陕西省宝鸡市民营企业协会、陕西蔚蓝节能环境科技集团有限责任公司、陕西振丰实业有限责任公司、西安华易亿嘉大健康科技有限公司、陕西省质量管理和质量保证标准化技术委员会、西安市品牌建设标准化技术委员会、陕西汽车控股集团有限公司。

本文件主要起草人:关养利、张全瑜、杨广银、叶毅,陶学力、杨利民、赵凌、刘永智、蔡培祖、姬亚平、边卫军、贺新宇、马小平。

本文件为首次发布。

引 言

为深入实施《质量强国建设纲要》提出的质量强国战略,加快培育以技术、标准、品牌、质量、服务等为核心的经济发展新优势,大力推动品牌建设,开展"陕西精品"评价活动,维护"陕西精品"品牌形象,推动陕西省经济社会高质量发展,特制定本文件。

"陕西精品"评价通则

1 范围

本文件规定了"陕西精品"(组织)的评价原则、基本要求、评价实施、监督、证书和标志等内容。

本文件适用于组织申请"陕西精品"评价及评价机构对组织及其产品或服务开展的评价活动。

2 规范性引用文件

下列文件中的内容通过文中的规范性引用而构成本标准必不可少的条款。其中,注日期的引用文件,仅该日期对应的版本适用于本标准;不注日期的引用文件,其最新版本(包括所有的修改单)适用于本标准。

GB/T 15496　企业标准体系　要求

GB/T 15497　企业标准体系　产品实现

GB/T 15498　企业标准体系　基础保障

GB/T 19001　质量管理体系　要求

GB/T 19273　企业标准化工作　评价与改进

GB/T 19580　卓越绩效评价准则

GB/T 22119　信用服务机构　诚信评价业务规范

GB/T 24001　环境管理体系　要求及使用指南

GB/T 31041　品牌价值　质量评价要求

GB/T 36000　社会责任指南

GB/T 45001　职业健康安全管理体系　要求及使用指南

3 术语和定义

下列术语和定义适用于本文件。

3.1 组织 organization

提供产品或者服务的企业、事业单位、社会团体及其他依法成立的机构的通称。

3.2 "陕西精品" Shaanxi boutique

在陕西省境内品质卓越、品牌效应好、具有国际先进水平、国内领先、经济和社会效益显著、代表创新能力强的自主品牌产品和服务。

3.3 "陕西精品"组织 Shaanxi boutique organization

在陕西省境内拥有"陕西精品",并进行管理的组织。

3.4 "陕西精品"(组织)评价 Shaanxi boutique organization brand assessment

对陕西省境内在农业、工业、工程和服务等领域自愿申报的自主品牌产品和服务,按照规定的"陕西精品"评价程序,规范开展评价的活动。

4 评价原则

4.1 客观性

"陕西精品"评价应以客观事实和证据为依据,评价结果可追溯,保持独立,不受任何组织或个人的干预。

4.2 公正性

"陕西精品"评价应做到公开、透明、公平、公正,并接受主管部门和社会监督。

4.3 系统性

"陕西精品"评价应对组织及其产品或服务的质量、标准、品牌、社会责任、创新发展等方面进行系统科学的评价;评价结果应建立在充分的数据和分析基础上,以保证形成可靠的结论。

4.4 自愿性

凡符合本文件第 5 章条件的陕西省境内在农业、工业、工程和服务等领域的组织均具有自愿申报"陕西精品"(组织)评价的权利。

5 基本条件

5.1 在法定部门依法注册登记,其品牌获得商标注册,具有独立法人资格的组织。

5.2 区域内具有一定影响力的核心组织。

5.3 申报组织的自主品牌产品和服务所执行的标准为合规、有效。

5.4 申报组织在三年内无产品/服务质量监督抽查不合格现象,无质量安全事件。

5.5 积极履行社会责任,无不良信用记录。

6 评价内容

6.1 质量精良

组织提供的产品或服务应科技含量高、质量优异、性能稳定、资源消耗低、环境污染少、经济效益好,包括但不限于:

a)技术领先:拥有自主发明或实用新型专利权,自主技术处于国际先进或国内先进水平。

b)功能先进:性能稳定,功能先进,质量处于行业领先水平。

c)资源消耗低:组织提供的产品或服务资源消耗低、环境污染少,能耗低于国家、行业或地方产品能源消耗限额标准要求。

d)生命周期长:组织提供的产品或服务的生命周期长于国内市场同类产品或服务。

e)经济效益好:市场占有率和经济效益高于国内市场同类产品或服务。

6.2 标准先进

组织的产品/服务应采用先进的标准,发挥标准的引领作用,并持续提升标准的水平:

a)制定或采用国内领先、国际一流的先进标准;

b)主导或参与国家、行业、地方、团体标准制修订,引领产业发展;

c)实施标准领跑者活动,标准认定为全国行业、陕西省行业标准领跑者;

d)参与对标达标行动,为行业提供对标达标技术方案;

e)争创标准创新奖,产品/服务执行标准获得国家或地方标准创新贡献奖;

f)技术创新转化为技术标准。

6.3 品牌引领

组织应具有品牌战略和规划,进行品牌管理和维护,形成行业领先的品牌效应,包括但不限于：

a) 制定品牌战略和规划,并与组织发展战略保持一致；

b) 建立品牌管理制度,配置相应的资源,对品牌进行有效管理和维护；

c) 品牌有较高的知名度、美誉度、忠诚度和满意度；

d) 具有较高的品牌价值,品牌效能较好,引领行业和企业自身的发展。

6.4 管理卓越

组织应采用有效模式管理,高效运行,保证"陕西精品"提供受控到位,包括但不限于：

a) 积极导入卓越绩效管理,或有效采用其他先进的管理模式；

b) 按照 GB/T 19001 或 GB/T 15496、GB/T 15497、GB/T 15498 或 GB/T 24421 等要求,建立科学先进的组织质量管理体系或服务标准体系,各管理环节均实行了标准化管理；

c) 对供应商建立全面的管控体系；

d) 以顾客需求和权益为主旨,制定先进的服务规范或标准并贯彻实施；

e) 国家实施认证管理的产品/服务,组织获得了产品/服务合规认证。

6.5 技术创新

组织应建立和完善创新机制,具备持续技术创新能力,包括但不限于：

a) 制定创新战略及实施计划,并提供资源保障；

b) 建立有效的创新激励机制和可靠的技术支撑体系；

c) 具有自主开发知识产权的创新能力；

d) 具有较高水平的科技成果转化能力；

e) 有服务创新意识,不断满足顾客的潜在需求；

f) 科研人员占比高于同行业水平。

6.6 社会责任

组织应履行社会责任,秉承绿色和可持续发展理念,诚信合规经营,积极参与社会公益活动,包括但不限于：

a) 在质量安全、节能、资源综合利用、公共卫生等方面承担公共责任,体现绿色和可持续发展理念。组织按 GB/T 24001 建立了环境管理体系并有效实施。

b) 遵守诚信和道德行为准则,建立组织的信用和合规体系,融入组织的价值观,纳入组织经营发展战略。组织按照 GB/T 31950 和 GB/T 22119 建立了企业信用和诚信管理体系并有效实施。

c) 提升对相关方的权益保护,制定并运行有效的权益保障体系。组织按照 GB/T 28001 建立了职业健康安全管理体系并有效实施。

d) 组织积极支持公益事业,按 GB/T 36000 建立了社会责任管理体系,并做出贡献。

7 评价实施

7.1 评价流程

"陕西精品"(组织)评价主要包括申报、条件审查、材料审核、创新标准质量品牌社会责任评价、现场核查、精品认证、表彰等工作流程。见附录 A。

7.2 评价依据

7.2.1 "陕西精品"(组织)评价以本文件第 6 章评价内容为依据,采用定量分析与定性判断相结合的方法评价。"陕西精品"(组织)评价指标参见附录 B。"陕西精品"(组织)评价指标体系包括 6 项一级评价指标、25 项二级评价指标、64 项三级评价指标,总分 1 000 分。

7.2.2 针对不同的产品或服务进行评价时,可适当调整指标项或制定相关细则。

7.3 评价程序

评价主体开展评价时可遵循以下程序:

a) 明确评价目的,进行评价策划;

b) 确定评价的具体要素,选取各要素下属的评价指标;

c) 确定评价指标的权重;

d) 制定评价数据和信息的采集方案并实施;

e) 对评价指标进行量化,计算评价结果;

f) 对评价结果的符合性进行检验和修正;

g）出具评价报告。

7.4 评价报告

评价报告应明确陈述下列内容：

a）评价人员的相关信息，如能力、立场和身份；

b）评价策划；

c）评价目的和对象；

d）评价依据；

e）评价的具体要素和评价指标；

f）评价所采用的方法；

g）评价基准日和评价报告日；

h）评价数据和信息的来源；

i）评价结果及描述；

j）报告使用。

7.5 否决项

7.5.1 对三年内涉及不良信用记录、危险生产、环境污染、资源浪费、侵犯知识产权和制售假冒伪劣产品等，或有其他违反法律、法规等行为的申报企业实行"一票否决"制。

7.5.2 当评价对象在评价基准日内出现重大质量安全事故，不予评价。

8 监督

政府主管部门对评价机构的评价活动和评价结果进行监督。

9 证书与标志

9.1 对获得"陕西精品"的组织发给"陕西精品"证书。

9.2 "陕西精品"标志使用应符合《认证证书和认证标志管理办法》的规定。

附录 A
（规范性附录）
"陕西精品"（组织）评价工作流程

A.1 "陕西精品"评价工作流程见图1。

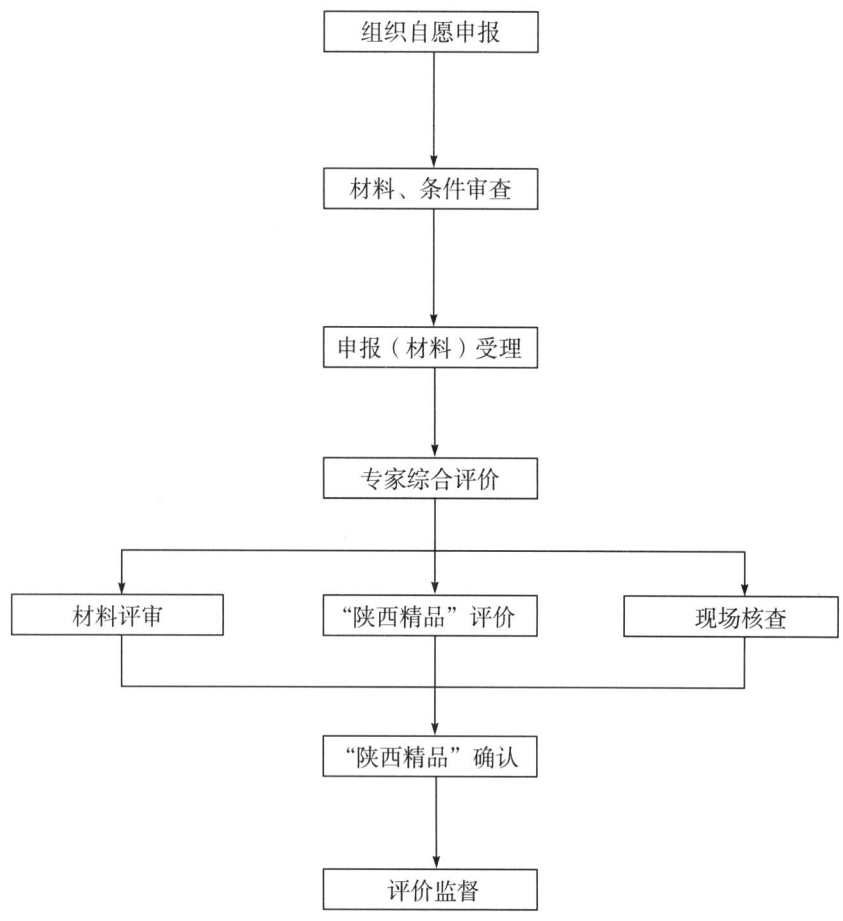

图1 "陕西精品"评价工作流程

附录 B
（规范性附录）
"陕西精品"（组织）评价指标

B.1 "陕西精品"（组织）评价指标，见表 B.1。

表 B.1 "陕西精品"（组织）评价指标

序号	评价指标		
	一级指标	二级指标	三级指标
1	质量精良 （180 分）	技术领先 （40 分）	拥有自主发明或实用新型专利权（20 分）
			自主技术处于国际先进或国内先进水平（20 分）
		功能先进 （35 分）	性能稳定，功能先进，用户反映良好（18 分）
			质量处于行业领先水平，无产品质量投诉（17 分）
		资源消耗低 （35 分）	资源消耗在全省同行业水平（15 分）
			环境污染在全省同行业水平（10 分）
			能耗低于国家、行业或地方产品能源消耗限额标准要求（10 分）
		生命周期长 （35 分）	产品或服务的生命周期长于全省同行业或细分市场中同类产品或服务（35 分）；产品或服务的生命周期接近全省同行业或细分市场中同类产品或服务（15 分）
		经济效益好 （35 分）	市场占有率在全省同行业或细分市场中同类产品或服务最高（15 分）
			经济效益高于在全省同行业或细分市场中同类产品或服务（20 分）
2	标准先进 （160 分）	执行标准 （120 分）	采用国内领先、国际一流的先进标准（60 分）
			标准中主要技术指标在全省同行业同类产品或服务先进性情况（40 分）
			执行的标准进行了自我声明公开（20 分）

(续表)

序号	评价指标		
	一级指标	二级指标	三级指标
2	标准先进（160分）	制修订标准（20分）	主导或参与国际标准制修订（5分）
			主导或参与国家标准制修订（5分）
			主导或参与行业标准制修订（5分）
			主导或参与地方、团体标准制修订（5分）
		标准领跑者（10分）	实施了标准领跑者活动,标准成为国内行业领跑者（5分）
			实施了标准领跑者活动,标准成为陕西省领跑者标准（5分）
		标准创新奖（10分）	执行的标准获得了国家标准创新奖（5分）
			执行的标准获得了地方标准创新奖（5分）
3	品牌引领（180分）	品牌管理与维护（60分）	品牌管理部门设置和资源配置情况（30分）
			开展品牌保护、形象维护等方面的措施及成效（30分）
		品牌声誉（60分）	品牌满意度调查的开展情况和结果（20分）
			品牌近三年获得的荣誉称号或奖励情况（20分）
			申请"精品"评价的产品/服务在全省同行业或细分市场中的排名情况（20分）
		品牌效应（60分）	近三年品牌产品的销售收入及省内行业排位情况（30分）
			近三年品牌产品营销渠道、营销形式与营销范围情况（30分）
4	管理卓越（160分）	管理体系（45分）	导入卓越绩效模式,或有效采用其他先进管理模式情况（25分）
			建立并实施相关管理体系（ISO9001、标准化良好行为、GB/T 24421）情况（20分）
		绩效管理（45分）	质量管理人员占比全员情况（9分）
			实施首席质量官制度（9分）
			对供应商建立全面的管控体系情况（9分）
			对服务各环节实施了标准化管理,并持续改进（9分）
			建立和实施产品或服务质量追溯系统和/或供应链溯源系统情况（9分）

(续表)

序号	评价指标		
	一级指标	二级指标	三级指标
4	管理卓越（160分）	认证管理（35分）	列入国家强制认证目录的产品（注：服务产品此项为满分）获得了有效认证（20分）
			服务组织积极参与服务认证（注：工业产品此项为满分）（15分）
		顾客满意（35分）	建立和运行客户关系管理系统情况（12分）
			制定和执行服务承诺或服务规范情况（12分）
			开展顾客满意度调查情况（11分）
5	技术创新（160分）	创新机制（40分）	制定创新战略和实施计划，及资源保障提供情况（20分）
			研发投入（20分）
		创新能力（40分）	有企业技术中心，技术中心获得市级（含市级）以上认定（20分）
			科研人员占比情况（20分）
		发展成果（40分）	通过创新和改造，取得核心优势和项目情况（7分）
			科技成果转化应用或先进服务模式的推广情况（7分）
			获得科学技术奖情况（6分）
			获得专利、软件著作权、设计专利权等数量优于省内同行情况（6分）
			拥有国家、省级各类研究技术机构等数量优于省内同行情况（7分）
			通过国家重点高新技术企业认定、国家或省创新型企业、高新技术企业认定等情况（7分）
		经济效益（40分）	申报产品销售额（量）保持增长（30分）
			申报产品出口额（量）保持增长（10分）
6	社会责任（160分）	公共责任（40分）	每年发布社会责任报告或接受社会责任评价的情况（20分）
			近三年无重大质量安全事故及严重违法违规记录（20分）
		绿色可持续发展（40分）	环境管理体系认证情况、节能或绿色产品数量、绿色工厂创建情况（20分）
			在产品设计和产品实现过程实行绿色和可持续发展理念，开展预防污染和节约资源的情况，废弃物处置和回收再利用情况（20分）

(续表)

序号	评价指标		
	一级指标	二级指标	三级指标
6	社会责任 (160分)	诚信与合规经营 (40分)	开展信用体系建设情况,提供由信用主管部门出具的信用报告(8分)
			质量信用等级情况(8分)
			尊重利益相关方的利益、建立合规经营制度、公平竞争力情况(8分)
			近三年纳税情况和区域纳税排名(8分)
			建立缺陷产品召回制度情况(8分)
		权益保护 (30分)	建立消费者权益保护制度,售后服务星级评价情况(15分)
			建立员工合法权益保护制度,职业健康安全体系认证情况(15分)
		公益支持 (10分)	参与社会公益活动情况(10分)

参考文献

[1]新华社. 中共中央 国务院关于开展质量提升行动的指导意见[EB/OL]. (2017－09－05)[2024－08－31]. https://www.gov.cn/zhengce/2017－09/12/content_5224580.htm.

[2]新华社. 中共中央 国务院印发《质量强国建设纲要》[EB/OL]. (2023－02－06)[2024－08－31]. https://www.gov.cn/zhengce/2023－02/06/content_5740407.htm.

[3]陕西省人民政府. 陕西省人民政府关于贯彻落实《国家标准化发展纲要》的实施意见[EB/OL]. (2022－07－04)[2024－08－31]. http://www.shaanxi.gov.cn/zfxxgk/fdzdgknr/zcwj/nszfwj/szf/202208/t20220808_2238138.html.

ICS 03.080.01
CCS A 12

T/SPCH
陕西省企业品牌建设促进会团体标准

T/SPCH 13—2024

放心消费品牌单位评价规范

Evaluation standard of assured consumer brand units

2024－04－01 发布　　　　　　　　　　　　　　2024－04－15 实施

陕西省企业品牌建设促进会　发布

前　言

本文件按照 GB/T 1.1—2020《标准化工作导则　第 1 部分：标准化文件的结构和起草规则》的规定起草。

本文件由陕西省企业品牌建设促进会提出。

本文件由陕西省企业品牌建设促进会归口。

本文件起草单位：陕西省企业品牌建设促进会、西安市市场监督管理局、西安市农业农村局、西安市质量与标准化研究院、西安科技大学、杨凌农业科技大学、西安市企业品牌建设协会、陕西省质量品牌与标准化研究院、陕西中标文化传媒有限公司、西安市兴邦扶贫公益慈善基金会、西安市消费维权联合会、陕西蔚蓝节能环境科技集团有限责任公司、陕西黄金集团股份有限公司、陕西钢铁集团有限公司、法士特集团有限公司、彬县煤炭有限责任公司、宝钛集团有限公司、陕西咸阳 505 医药保健总公司、陕西汽车控股集团有限公司、陕西宝鸡市民营企业协会、陕西安康市文化产业协会、陕西汉中市天汉大地传统文化交流中心、陕西延安市商广协会、陕西榆林品牌建设联合会、陕西省榆林工商业联合会、陕西咸阳市品牌建设促进会、渭南绿盛农业科技有限公司。

本文件主要起草人：

关养利	主任	陕西省质量管理和质量保证标准化技术委员会
郝生旺	党委书记、局长	西安市市场监督管理局
裴靖瑜	党组书记、局长	西安市农业农村局
杨广银	副主任委员	陕西省质量管理和质量保证标准化技术委员会
苏　雷	局长	西咸市场监督管理局
许江标	局长	西咸新区市场监督管理局空港新城分局
雷　震	院长	西安市质量与标准化研究院
张全瑜	教授	西安科技大学

杨和财	教授	杨凌农业科技大学
张建新	教授	杨凌农业科技大学
秦西社	董事长	陕西黄金集团股份有限公司
刘航瑜	部长	陕西汽车控股集团有限公司
贺冬冬	部长	法士特集团有限公司
赵　林	副总经济师	陕西钢铁集团有限公司
赵春艳	部长	陕西钢铁集团有限公司
赵　凌	专家	陕西省质量管理和质量保证标准化技术委员会
王金润	专家	陕西省质量管理和质量保证标准化技术委员会
蔡培祖	专家	陕西省质量管理和质量保证标准化技术委员会
叶　毅	专家、副主任委员	陕西省质量管理和质量保证标准化技术委员会
陶学力	专家、副主任委员	陕西省质量管理和质量保证标准化技术委员会
杨利民	专家	陕西省质量管理和质量保证标准化技术委员会
陈　凯	专家	陕西省质量管理和质量保证标准化技术委员会
王　蚕	专家	陕西省质量管理和质量保证标准化技术委员会
边卫军	专家	陕西省质量管理和质量保证标准化技术委员会
曹保安	专家	陕西省质量管理和质量保证标准化技术委员会
王剑钟	专家	陕西省质量管理和质量保证标准化技术委员会
辛　乐	专家	陕西省质量管理和质量保证标准化技术委员会
郭宇辰	专家	陕西省质量管理和质量保证标准化技术委员会
刘永智	专家	陕西省质量管理和质量保证标准化技术委员会
张修前	主席	陕西榆林工商业联合会
张晓华	会长	陕西延安市商广协会
刘一良	党委书记	陕西宝鸡市民营企业协会
来辉荣	董事长	陕西咸阳505医药保健总公司
孙世福	会长	陕西省安康市文化产业协会
徐利军	主任	陕西省汉中市天汉大地传统文化交流中心
石宇锋	董事长	渭南绿盛农业科技有限公司

引 言

提振消费信心,打造让消费者放心的消费环境,是政府为民办实事的重要举措,各级政府加大了放心消费单位创建工作,为推动地方经济的增长发挥了作用。但随着消费者诉求的提升,消费者对放心消费单位提出来更高的要求,期待更高质量消费环境和放心消费品牌单位,方便消费。

本文件通过对放心消费单位的品牌评价,引导消费放心单位的品牌意识,让参创主体享受到"品牌"经营的激励效应,实施更加科学、规范的管理,全面推动高质量放心消费单位创建工作氛围,特制定本文件。

放心消费品牌单位评价规范

1 范围

本文件规定了放心消费品牌单位评价规范的术语和定义、评价原则、基本条件、评价内容、评价方法。

本文件适用于陕西省企业品牌建设促进会组织的放心消费品牌单位评价和管理工作。

2 规范性引用文件

下列文件中的内容通过文中的规范性引用而构成本文件必不可少的条款。其中,注日期的引用文件,仅该日期对应的版本适用于本文件;不注日期的引用文件,其最新版本(包括所有的修改单)适用于本文件。

GB 2894—2008 安全标志及其使用导则

GB/T 4754—2017/XG1 国民经济行业分类

GB/T 29185—2012 品牌价值 术语

NY/T 4169—2022 农产品区域公用品牌建设指南

3 术语和定义

GB/T 29185 界定的以及下列术语和定义适用于本文件。

3.1 品牌 brand

与营销相关的无形资产,包括(但不限于)名称、用语、符号、形象、标识、设计或其组合,用于区分产品、服务和(或)实体,或兼而有之,能够在利益相关方意识中形成独特印象和联想,从而产生经济利益(价值)。

[来源:GB/T 29185—2012,2.1]

3.2 放心消费单位 rest assured consumption unit

以提升消费环境安全度、经营者诚信度和消费者满意度为目的,通过消费环境的建设和管理,用优质的商品和服务来满足消费者安全、舒心和满意等需求的,自愿申报放心消费单位创建并经评价机构评价符合要求的从事商品经营或者营利性服务的法人、其他经济组织。

3.3 放心消费品牌单位 assured consumption brand unit

对积极参加放心消费品牌单位活动,认真履行社会责任和守法诚信要求,管理规范,严格按照放心消费品牌单位申报的内容和要求开展活动,通过放心消费品牌单位的评价程序,获得以放心消费单位名称为品牌的放心消费品牌单位。

4 评价原则

4.1 自愿公平

凡符合申报本标准第5章条件的组织均具有自主申报的权利。

4.2 客观公正

评价人员进行评价时不应带任何形式的偏见,评价机构为组织进行资料审查和现场考核,不受任何组织或个人的干预。

4.3 公开透明

评价过程透明,包括评价数据的来源、所采用的评价方法、评价要素以及具体评价指标、评价人员及资质等,接受主管部门和社会监督。

4.4 科学规范

评价指标、评价内容科学制定,评价过程规范操作。评价结果应建立在充分的数据和分析基础上,以保证形成可靠的结论。

当评价对象在评价基准日前出现重大质量安全事故,不予评价。

5 基本条件

5.1 在陕西省内依法注册登记,具有独立法人(社团、事业)资格的放心消费单位(或主体)。

5.2 申报单位(或主体)名称应为市场监管部门注册登记的营业执照名称。

5.3 近三年正常经营生产,未发生较大及以上生产安全事故、突发环境事件、网络安全事件,未发生严重食品安全违法、严重质量违法、税收违法等行为,未列入经营异常名录和严重违法失信名单等。

5.4 管理规范,主动承诺,工作机制完备,有完善的消费环境建设、产品(商品)质量管理、诚信合法经营、消费投诉处理规制。

5.5 积极履行社会责任,注重环境保护,经营效益良好。

6 评价内容

6.1 品牌引领

品牌引领包括:
—— 品牌规划;
—— 品牌运营;
—— 品牌影响。

6.2 商品质量

商品质量包括:
—— 制度建设;
—— 管控机制;
—— 服务质量。

6.3 消费环境

消费环境包括:
—— 设施设备完备;
—— 环境良好;
—— 信息公开。

6.4 诚信经营

诚信经营包括:
—— 诚信管理;
—— 交易价格;
—— 交易行为。

6.5 售后服务

售后服务包括:
—— 服务机制;

——服务内容；

——服务效率。

6.6 投诉处理

投诉处理包括：

——消费投诉；

——处理效率；

——处理公开。

7 评价方法

7.1 评价指标体系

采用定量分析与定性判断相结合的方法评价放心消费品牌单位。放心消费品牌单位评价指标体系包括6项一级评价指标、18项二级评价指标、49项具体评价内容。

7.2 赋分

放心消费品牌单位评价满分100分，各项一级评价指标分值分别为：品牌引领20分、商品质量20分、消费环境15分、诚信经营15分、售后服务15分、投诉处理15分。

7.3 加分项

被评价的放心消费品牌单位提供下列相关文件或证书，可获得加分10分。加分项主要评价指标为：

——获得过省部级及以上奖励；

——获得各级标准化示范评比；

——通过认证；

——承诺并执行服务承诺制度，如执行"线下购物七天无理由退货制度"，执行"消费环节赔偿先付制度"，执行"消费投诉信息公示制度"。

7.4 分值计算

放心消费品牌单位评价总得分＝品牌引领得分＋商品质量得分＋消费环境得分＋诚信经营得分＋投诉处理得分＋加分项得分。计分细则按照附录A执行。

7.5 评价要求

采取申报资料评审与形成评价相结合的方式。

依据附录 A 评价指标进行打分,依据 GB/T 4754—2017/XG1《国民经济行业分类》对申报单位进行分类评定,按分类得分高低进行排序。

7.6 否决项

对三年内涉及不良信用记录、危险生产、环境污染、资源浪费、侵犯知识产权和制售假冒伪劣产品等,或有其他违反法律、法规等行为的申报企业实行"一票否决"制。

8 评价结果

放心消费品牌单位评价达到或高于 85 分,授予:

a) 放心消费品牌单位证书;

b) 放心消费品牌单位牌匾。

9 评价申报

需要进行放心消费品牌单位评价的单位,按附录 B 要求进行申报。

附录 A
（规范性附录）
放心消费品牌单位评价指标得分表

表 A.1 放心消费品牌单位评价指标得分表

序号	一级指标及分值	二级指标及分值	具体评价内容	分值	得分
1	品牌引领（20分）	品牌规划（6分）	制定放心消费品牌建设规划，品牌战略架构根据品牌战略定位与中长期战略目标确定，明确放心消费品牌单位与商品品牌之间的关系、品牌单位与区域经济发展之间的关系。查看品牌战略规划	3	
2			设计放心消费品牌认证标识系统（名称、广告语等）。查看标识系统	3	
3		品牌运营（7分）	用广播电视、报刊、网站、新媒体等媒介进行品牌宣传与推广活动，树立品牌形象，提升品牌认知度。查看宣传与推广活动记录	2	
4			在消费场所进行品牌宣传、扩大品牌接触点。查看记录	2	
5			在品牌营销中，对品牌实施了法律、政策、经营保护。查看商标注册、老字号认定、品牌联营等材料	3	
6		品牌影响（7分）	获得国家级政府部门颁发的质量、安全、卫生、诚信有关奖项（3分）、省级政府部门颁发的质量、安全、卫生、诚信有关奖项（2分）、市级政府部门颁发的质量、安全、卫生、诚信有关奖项（1分）	3	
7			放心消费单位在消费者群体中具有较高的知名度，品牌申请单位提供顾客人员名单，由品牌评价专家组按照随机原则抽查，评价打分	2	
8			放心消费单位在品牌评价专家群体中具有较高的知名度。品牌申请单位供顾客人员，由品牌评价专家按照随机原则抽查，评价打分	2	
9	商品质量（20分）	制度建设（6分）	建立健全并严格执行进货检查验收、索证索票、查看进货管理制度。查看进货台账、检验报告	2	
10			建立健全并严格执行服务质量管理制度、商品准入机制、质量自我管控机制等商品质量管理制度。查看标准、服务记录	2	
11			制定并有效实施相关产品、商品售后服务规范。查看标准、记录	2	

(续表)

序号	一级指标及分值	二级指标及分值	具体评价内容	分值	得分
12	商品质量（20分）	管控机制（6分）	设立质量监督检查岗位，明确工作职责，有专人负责并有相应的工作记录	2	
13			查看岗位监督检查职责、工作记录	2	
14			制定并实施商品或服务质量监督举报奖励制度	2	
15		服务质量（8分）	建立风险预警制度，及时发布质量预警信息，为消费质量保驾护航；制定完备的突发事件应急预案，并把责任落实到责任人。查看相关材料	3	
16			不得生产与销售假冒产品、伪造或者冒用他人厂名、厂址的，伪造或者冒用认证标志等质量标志的产品。查验产品、商品	3	
17			产品、商品质量应符合有关标准、标准化规范要求，不得生产经营国家明令淘汰的产品；不得在产品中掺杂、掺假，以假充真，以次充好，或者以不合格产品冒充合格产品；不得销售失效、变质的产品。查验产品、商品	2	
18			不得提供不符合法规规范要求或合同约定的服务。查看标准、记录	2	
19	消费环境（15分）	设施设备完备（5分）	经营场所或网站符合行业规范要求。查验现场	1	
20			有满足经营的产品、商品要求的设施、设备。查看设施、设备情况	1	
21			设施设备运行记录完好。查看实施、设备完好情况	1	
22			计量器具按规定检定、合格。查看检定标记、检定证书	2	
23		环境良好（5分）	经营场所符合GB 2894—2008《安全标志及其使用导则》的要求。现场查看	2	
24			在经营场所或网站页面设置提醒注意人性化便民服务设置、安全标志、安全支付安全警示标志。现场查看	1	
25			有相关人员进行安全巡查，或设置电子安全设备、安全控制程序等。现场查看	2	
26		信息公开（5分）	营业执照、特许经营许可、放心消费承诺创建单位在显著位置公示。现场查看公示	2	
27			创建单位名称、标识及人员具备相关的资质、资格，且应公开。现场查看资质、资格证书公开信息	1	
			从事特殊行业及人员具备相关的资质、资格证书公开信息		

(续表)

序号	一级指标及分值	二级指标及分值	具体评价内容	分值	得分
28	诚信经营（15分）	诚信管理（5分）	制定并严格执行诚信经营管理规范。查看证明材料	2	
29			广告、海报、单页等宣传品所传达的信息与实际相符，无虚假宣传行为。现场查看	1	
30			向消费者发送推销类短信、微信等信息的同时应明示退订的方式、程序，消费者退订后不应再向其发送相关信息。查看记录及现场情况	2	
31		交易价格（5分）	按照公平、合法和诚实信用的原则制定商品或者服务的价格。现场查验	2	
32			明码标价，注明商品的品名、产地、规格、计价单位、价格或者服务的项目、收费标准等有关情况。现场查验	1	
33			不得在标价之外加价出售商品，不得收取任何未予标明的费用。现场查验	2	
34			商品或服务的质量、性能等信息应当真实全面，无虚假承诺，不得虚构成交量等价格欺诈行为。现场查验	1	
35		交易行为（5分）	不设定不公平、不合理的交易条件，不强制交易，在经营活动中使用的格式合同等相关法律法规的要求。现场查看	1	
36			计量结果公平准确，无违规行为。查验销售记录	1	
37			以预收款方式提供商品或服务的，应与消费者约定商品或服务的数量和质量、价款或者费用、履行期限和方式、安全注意事项和风险警示、售后服务、民事责任等内容，并按照约定提供商品或服务；有退款要求的，按照约定退款。现场查验	2	
38	售后服务（15分）	服务机制（5分）	制定线上线下售后服务制度，明确专人负责。现场查验相关材料	3	
39			建立首问负责制、限时办结等服务制度。现场查验相关材料	2	
40		服务内容（5分）	提供的商品或服务不符合质量要求的，按国家规定承担退货、更换和维修的义务。现场查验	3	
41			建立缺陷产品召回制度或服务补救制度，对有缺陷的产品或服务及时采取召回措施或服务补救措施。现场查验	2	

（续表）

序号	一级指标及分值	二级指标及分值	具体评价内容	分值	得分
42	售后服务（15分）	服务效率（5分）	提供的商品或服务不符合质量要求的，按国家规定及时承担退货、更换和维修的义务。查验销售记录	3	
43			建立缺陷产品召回制度或服务补救制度，对有缺陷的产品或服务及时采取召回措施或服务补救措施。现场查验	2	
44		消费投诉（5分）	制定消费投诉处理制度，明确投诉处理流程。现场查验	3	
45			设立专门机构或有专人负责消费投诉处理，公开投诉电话、邮箱等。现场查验相关材料	2	
46	投诉处理（15分）	处理效率（5分）	发生消费争议时，主动与消费者协商和解，消费投诉处理率应达100%。现场查验相关材料	3	
47			有效消费投诉处理及时率应达100%。现场查验相关材料	2	
48		处理公开（5分）	对投诉问题、处理措施、处理结果等信息进行收集，投诉处理结果也应及时公示于众，做到投诉处理的规范化与透明化。现场查验记录	3	
49			建立并留存真实、完整、规范的投诉处理案件归档率95%以上。得分2分	2	
	加分项（10分）		获得过省部级及以上奖励。现场查验	2	
			获得各级标准化示范评比。现场查验	1	
			通过认证。现场查验	1	
			承诺并执行服务承诺制度，如执行"线下购物七天无理由退货制度"，得2分；执行"消费环节赔偿先付制度"，得2分；执行"消费投诉信息公示制度"，得2分。现场查验	6	

附录 B
（规范性附录）
放心消费品牌单位评价申报书

陕西省放心消费品牌单位评价申报书

企业名称（盖章）：_____

企业主要产品：_____、_____、_____、_____

企业统一社会信用代码：_____

申报类别：□新申请 □复审（首次获证时间_____年度）

企业注册所在地：_____

具体生产活动所在地：_____

填报时间：　　年　　月　　日

陕西省企业品牌建设促进会　制

承 诺 书

一、所提交申报材料真实、准确、有效,并愿意承担相应责任。

二、获得"放心消费品牌单位"后,应积极履行社会责任,严格遵守《中华人民共和国产品质量法》《中华人民共和国食品安全法》《中华人民共和国价格法》《中华人民共和国消费者权益保护法》《海南省实施〈中华人民共和国消费者权益保护法〉办法》等相关法律法规,严格遵循放心消费品牌单位创建各项标准和要求,自觉接受社会监督和评价。

三、本组织(企业)同意不因本单位申报参评,由评选机构承担法律责任。

四、为保障放心消费,优化消费环境,我单位将进行承诺提供以下特色服务,如有(自行承诺):

(1)"线下购物七天无理由退货制度";

(2)"消费环节赔偿先付制度";

(3)"消费投诉信息公示制度"。

企业法定代表人(主要负责人)(签字):

企业(盖章):

年　月　日

陕西放心消费品牌单位申报表

<table>
<tr><td rowspan="7">企业基本信息</td><td colspan="2">单位名称</td><td colspan="2">统一社会信用代码</td><td></td></tr>
<tr><td colspan="2">注册地址</td><td colspan="2">店面名称</td><td></td></tr>
<tr><td colspan="2">主要经营产品/商品/服务</td><td colspan="4"></td></tr>
<tr><td>申报联系人</td><td>姓名</td><td>部门与职务</td><td>手机</td><td>座机</td><td>E-mail</td></tr>
<tr><td>法人代表</td><td></td><td></td><td></td><td></td><td></td></tr>
<tr><td>品牌分管领导</td><td></td><td></td><td></td><td></td><td></td></tr>
<tr><td>联系人</td><td></td><td></td><td></td><td></td><td></td></tr>
<tr><td colspan="6">申报企业综述（限3 000字以内）

</td></tr>
<tr><td colspan="6">单位基本情况（包括经营范围、主营品类、经营特色等，300字以内）

</td></tr>
<tr><td colspan="6">自我评价（包括组织领导、制度或规范建设、人员培训、业绩成效等方面，500字以内）

</td></tr>
<tr><td colspan="2">申请单位意见</td><td colspan="4">负责人（签字）：
推荐单位盖公章
　　年　　月　　日</td></tr>
</table>

序号	一级指标及分值	二级指标及分值	具体填报内容
1	品牌引领	品牌规划	
		品牌运营	
		品牌影响	
2	商品质量	制度建设	
		管控机制	
		服务质量	
3	消费环境	设施设备完备	
		环境良好	
		信息公开	
4	诚信经营	诚信管理	
		交易价格	
		交易行为	
5	售后服务	服务机制	
		服务内容	
		服务效率	
6	投诉处理	消费投诉	
		处理效率	
		处理公开	